链商

CHAIN QUOTIENT

重塑数字经济新生态

王大山　王淳枫　◎著

机械工业出版社
China Machine Press

图书在版编目（CIP）数据

链商：重塑数字经济新生态 / 王大山，王淳枫著. —北京：机械工业出版社，2022.5
ISBN 978-7-111-70794-3

Ⅰ. ①链… Ⅱ. ①王… ②王… Ⅲ. ①信息经济 – 研究 Ⅳ. ①F49

中国版本图书馆 CIP 数据核字（2022）第 083956 号

链商：重塑数字经济新生态

出版发行：	机械工业出版社（北京市西城区百万庄大街 22 号　邮政编码：100037）
责任编辑：	贾　佳
责任校对：	马荣敏
印　　刷：	涿州市京南印刷厂
版　　次：	2022 年 7 月第 1 版第 1 次印刷
开　　本：	147mm×210mm　1/32
印　　张：	9.75
书　　号：	ISBN 978-7-111-70794-3
定　　价：	69.00 元

客服电话：（010）88361066　88379833　68326294　　投稿热线：（010）88379007
华章网站：www.hzbook.com　　读者信箱：hzjg@hzbook.com

版权所有·侵权必究
封底无防伪标均为盗版

链商书系编委会
（排名不分先后）

顾　问

朱幼平　乔　领　李开发　唐善新　温　舟　陈百加　刘文华
姜岚昕　杨思卓　禹　路　谭兆麟　高　宁　张德文　丁　一
殷　杉

总策划　王大山
主　任　法兰克
副主任　赵金萍　崔红梅　菲　比

编　委

董桃福　葛昱菲　张延悦　王福山　陈　霞　蓝飞腾　吴金富
廖书宜　马树强　武向阳　单佳慧　高子涵　许　晗　李思妍
祁　娟　杨林科　张寿英　傅邦宁　吴昊锦　张泽林　卯卓凡
姜孟君　王万军　陈春来　朱新兰　陈　炜　汪　洋　刘江建
黄生武　白　堃　贺宗博　瞿大山　陈南平　魏芷莹　David

联合发起人

陆　微　侯景瀚　杨伊田　阚蓉兰　JoJo Zou　邓仁英　王庆华
吴万峰　刘　柚　王要武　邓国文　朱爱仟　吕彩云　黄晓芝
陈传凌　李艳华　何海龙　王洪亮　徐勤飞　王玉娟　李叔珍
金　子　肖　瑜　周明道　沈东源　沈建新　邓延宁　赖建中
尚　飞　陈　敏　何　明　薛　君　唐慧群　杜茂容　陈道平
孙一方　陈瓦丽　高德珍　李金芝　左雪萍　陆　攀　连声煜
黄　运　王允通　彭水莲　李奕萱　陈　光　丛秀芳　牛　劲
李　佳　叶发明　李胜军　李治成　韩　枫　江东梅　一　聆
王　雷　赵　力　申建平　贾子惠　潘嘉琪　韩书珍　张连会
邓锋华　王东容　潘盟元　刘强华　黄建兵　张文侃　于　集

链商大使
（排名不分先后）

孙洪光	刘 佳	黄国威	张志娟	林 森	严映霞	李 丽	
刘素云	廖 晏	誉小文	叶 静	何志勇	周维平	曾 颖	
颜馨岚	于 欣	杨一帆	刘养明	吴 理	李 军	聂 磊	
宋义启	刁匀晶	黄清鹏	王研军	李 鸣	崔雪梅	谢琳璘	
黄梓恒	黄伟妍	符贻滔	柏 林	陈海德	王永辉	王 猛	
吴惠霞	黄 影	邝金胜	郑永恒	吴建义	卢 静	曹 伟	
余从容	李 伟	曾勇建	杨国平	周 洲	杨嘉嘉	汪 静	
刘玲丽	姚沐含	王秋生	周子岚	王光杰	朱远福	殷鸿伟	
霍振宇	王俪颖	马团莹	许 超	田惠文	靳 强	金 铭	
张学锋	钟惠云	周 峰	丘华康	刘云兰	臧玉西	张 力	
柴希杰	柳少君	张敬明	马傲霜	吴 鹏	付志轩	高赛乐	
张映生	王 芳	陈晓丰	岑仁鹏	林学军	王早平	谢 宁	
席莹玲	邹连书	胡 辉	李丰林	梅章慧	王锦阳	孙 明	
徐小玲	杜维民	陈光平	芮 骏	孙运习	王艳华	罗奕平	
黄庆梅	冯依华	贺 宁	党俊平	林金鸿	蔡晓辉	叶美妮	
傅锦贤	吴 鹏	向 斌	吴亚峰	陈彩凤	丁云峰	李 瑞	
滕谷韫	刘一臻	李纯珍	许 强	许启军	许启文	许 勇	
许启茂	元国星	元国成	王锦峰	王景刚	王锦娟	王景春	
王锦鸿	李友兵	罗志坚	何志豪				

推荐序

世界上的事件有一种类型是"钟形事件":一件事情就像钟一样有固定结构,要素与要素之间的相互作用是固定的,事情会按照一定的规律运行,结果是可预测的。就如同客观物理世界中的水达到0℃会结冰,气温下降穿衣服少会感冒一样。

然而在大多数人的世界里,更多的是"云形事件":一件事情就像云一样形状不断变化,细小的要素也可导致完全不同的结果,这种事情是不确定的。

改革开放之初,做生意也许凭借"钟形事件"就可以成功——市场缺什么我就做什么,卖什么。但是今天呢?技术革新、数字冲击、跨界打劫、消费习惯转变……每一个要素的变革都会对商业产生巨大的影响,甚至直接颠覆原有的生产消费方式。而这些要素也有可能不在你的"钟形规划"之中,就像曾经的智能手机照相功能对数码相机的颠覆,网络购物对零售业的冲击……

今天的商业,从来不是机械的线性式的关联,而是一连串可以不断细分的事件,前一个事件会引发众多不可预期的后续事件,而后续事件又可能引发更多的事件,最后,凭借看到的结果你没有办法去追溯事件发生的明确的原因。

高手下棋起码要看到三步以上的变化，否则就会因为对未来棋局的变化缺少准确的评估而产生失误。当今世界，未来最重要的"三步"是什么？答案是数字经济。

数字经济，是直接或间接利用数据来引导资源发挥作用，推动生产力及生产关系发展的经济形态。而在探究数字经济发展的过程中，我发现其本身就是一个"云形事件"：在技术层面，包括大数据、云计算、物联网、区块链、人工智能和5G等新兴技术；在应用层面，"新零售""新制造""通证经济"等都是典型代表。

数字化的目的是让品牌更贴近消费者，为他们提供更快捷的服务、更及时的反馈、更丰富的互动。所以，数字经济以数据为核心生产要素，以数字技术为驱动力，它涉及众多要素，涵盖各行各业，它消融边界，深刻地改变着人类的生产生活方式，对社会经济发展、国家治理体系、人类文明进程影响深远。

对个人和企业来说，把握了数字经济大势，便把握了未来发展大势。数字化时代要以"人""货""场"为基本特征，即随心所欲的"人"，触手可及的"货"，无处不在的"场"。通过以消费者为导向的数字化转型，我们能打造为消费者价值创造赋能、让上下游伙伴互联互通的数字化平台，全面提升为消费者、组织、社会和合作伙伴服务的平台的运营效率。

只有看到各种数字经济要素及变量趋势，才能完整地看到未来商业的"云形态"。

那么，如何把握"未来三步"？

现实中，很多人遭遇挫折和失败时常常会生出"我什么都做好了，就是没有机会"这样"时不我待""怀才不遇"的感慨或抱怨。其实当这样说的时候，我们很可能已经陷入了一种认知谬误当中——用"钟形思维"去判断"云形事件"。

另外，当思考、判断未来大势时，我们常常会以手头掌握的信息多寡来判断自己能否做出正确的决策，以为信息掌握得多了，便是万事俱备，结果可能只是在"拼运气"。

所以未来要做的便是打破自己的"钟形思维"，洞见未来，这要求我们对数字经济各个要素有全方位的认知。王大山先生提出的"链商"的概念，和我一直倡导的理念如出一辙。链商是基于数字经济的时代背景，运用大数据、云计算和区块链等技术而诞生的电子商务全新商业生态，可以说是传统电商的2.0升级，在我看来，它有三个重要的特征。第一，链商中的产品货真价实。一方面通过溯源、防伪等技术手段确保"货真"，另一方面通过公开透明、不可篡改的记录展示所有商品的价格体系、交易及利润，以确保"价实"。 第二，链商消费者也是共享者。因为是"去中心化"的，链商中的商城没有中心利益者，整个商城的利润及成长利益，将由所有商城消费者及贡献者共同享有。不像传统的电商消费者只是纯粹的消费者，链商消费者可以通过积分和激励，分享到链商的发展红利。第三，链商是创造者经济的平台，传统的电商只能做有形产品和规范性产品，而链商可以通过确权和溯源，让创作者的创意、文化产品、数字产品等在链上交易。这又跟Web3.0联系起来，人们在创造劳动中将获得更多的荣誉、认同，包括财富和地位。"链商"概念的提出本身就是一场认知革命，更何况本书还从时代特征、技术趋势、商业模式等角度细致分析了数字经济的发展特征及趋势，视角极具前瞻性。这本书对广大读者来说，会是变革思维、提升能力、规划未来的"数字信息图谱"和"商业操作指南"。

数字经济的逻辑是"演化"而不是"设计"，我们不能以"钟形思维"去"设计"，而是要看到其"云形态"然后去勾勒其"演化"路径，唯有如此方能以不变应万变。希望大家能够认真研读这本书，让自己的认知由"钟形"转变为"云形"，从而对未来多一份预判和把握。

开卷有益，知识无价。让我们通过本书更好地预见未来，一起开启数字世界的探索征程。

国家信息中心 朱幼平

2022年3月28日

前言

著名作家茨威格说:

> 每个历史尖峰时刻,
> 都需要太长的酝酿时间,
> 每一桩影响深远的事件,
> 都需要一个发展的过程。

但是在10年就是一个时代的今天:

> 每个历史尖峰时刻,
> 总是不经意间悄然来临,
> 每一桩影响深远的事件,
> 都是一个奇点的爆发。

这对我们有什么影响呢?

10年前,当有人告诉你,下雨天准备出门,在家里就可以预约到出租车并让它在楼下等你,你信吗?

9年前,当有人告诉你,产品滞销,通过微商可以让你月入过万元，你信吗？

8年前，当有人告诉你，从地铁到家里的"最后一公里"不用再纠结是打车还是步行回去，只要一辆自行车就能环保出行，你信吗？

7年前，当有人告诉你，只要对着手机展示自己，就能坐拥百万粉丝，你信吗？

6年前，当有人告诉你，每个人都可能在15分钟内出名，每个人都有机会成为带货达人，你信吗？

……………

不管你信还是不信，这些事件背后都成就了一个个百亿级的企业。今天我们也唯有审时度势，抓住风口，才能真正把握财富和人生机会！

那么，下一个时代的大趋势是什么？

其实对于未来的预测，我们总会比较保守。

比如2002年的统计数据显示：到21世纪中叶，中国有可能超过日本，成为世界第二大经济体，但在21世纪内很难超过美国，成为世界第一大经济体。可是实际却是，在2020年时中国的GDP就接近日本的3倍，哪里还用等到2050年。过去的40年事实证明，对于中国的预测多是相对保守的。作为在2020年全球成功控制住新冠肺炎疫情的国家之一，中国是保持经济正增长的主要经济体。

我们有理由乐观一些，有理由自信一些，我们可以带着这份自信走入新时代，来思考我们这片星空。

那么，我们所处的这片星空是什么样的？

AI、工业 4.0、大数据、云计算、区块链、物联网、VR、5G 等已经成为热门话题——时代的变革无法容许我们太过保守，新技术或新变革总是很容易突破临界点，产生加速变化，在极短的时间内改变格局——新的奇点一个一个地爆发！

比如，消费互联网格局已定，产业互联网时代开启：移动互联网带来网络的更快速普及，虚拟化进程从个人蔓延到企业，企业成为互联网的参与者。行业经验、渠道、网络、产品认知等壁垒的消失让传统消费互联网巨头优势不再，并购、合作、自主发展成为传统消费互联网巨头进入产业互联网的主要方式。

再如区块链。以区块链技术为核心的数字货币在未来 10 年内可能会进入普通大众的生活，对货币信用和市场产生根本性的影响。更重要的区块链革命，会颠覆人类社会价值的传递方式，区块链技术会成为自蒸汽机、电和计算机发明以来的第四次工业革命——数字革命的重要成果。

所以，我们所处的这片星空一定是这样的：

基于技术的变革，人类进入数字经济时代，新零售、新媒体、新金融、新制造、新技术、新能源、新基建加速到来……

无论你身在何处，真正的大趋势必将使地球上每一个人都深卷其中，并重构大至国家、城市，小至企业、个人之间一系列错综复杂的关系。

我们对未来的判断大多是线性的、渐变的、基于经验知识的，可是为了把握未来，我们便要跳出原有经验知识，将自己的眼光与格局拔高一层，不仅要看到时代被何种力量驱动着，也要看到自身能够驱动何种时代力量。基于此，我们提出了"链商"这个概念，策划了本书。

链商，一个综合性概念，有四重含义：第一，它是成功因子，是洞察、处理各种关系，提升连接、融合、变现各种资源的商数和能力要素之一；第二，它是数字经济时代下区块链商业生态，以当今的数字技术构建的连接、整合各种资源的新生态平台和新商业模式；第三，它是链通的营销智慧，让营销从内容和应用升维到虚实时空、人脉资源的连接和融合；第四，它是数字经济时代的一种全新身份，需要我们变革思维，实现身份转变。

在当今时代，潮起潮落，后浪推前浪，且一浪比一浪迅猛，所以对未来进行预测时，我们不能保守，也不能盲目激进，而是要满怀信心，努力找到未来可能带来巨变的"奇点"。本书对时代、对技术的分析、解读，以及通过链商对自身、企业、财富、人生的全方位塑造，不仅会给思想、认知带来极大的冲击，让大家站在时代前沿看清世界，而且会帮助大家更好地寻找到"奇点"。

目录

推荐序
前言

■ 第一部分 | 什么是链商

01 | 数字颠覆——被改变的商业世界
"乌卡"迷局……4
数字能量搅动……11
链商突围……21

02 | 链商时代——从区块链说起
风云际会区块链……28
资源、资产新"载体"……37
数字化生存……45

■ 第二部分 | 链商系统

03 | 链通逻辑——新系统思维塑造
重构财富蓝图……54
价值化驱动……62
强化技术意识……70
借力并借道……77

04 | 链力模型——能力互联法则

新能力商数……86

"1+4"能力系统……97

数字无边界跨越……107

05 | 链圈构建——新物种的奇袭

业态新模式……118

数权畅通……127

"链分"机遇……138

通证模型借鉴……147

06 | 链商兵法——创富区块链

补课区块链……158

Token 的隐秘价值……166

共识与聚能……176

投资与创造……184

第三部分 | 链商变量

07 | 链通关系——五大关系链接
链接了什么……194
天：天时 & 天和……199
人：一度 & 六度人脉……207
自然：对立 & 统一……215
社会：需要 & 发展……222
你自己：全然合一……229

08 | 链富人生——溢出人生灵感
彼此的沃土……238
施比受有福……244
信仰的力量……252

09 | 链和未来——格局、格调与格业
高链商修炼……260
财富新引擎——链商模式……270

联合推荐 | 链商心语……279
参考文献……294

第一部分
什么是链商

　　中国是一个有着数千年历史的国家,在许多历史时期,中国都曾是世界文明的领导者。然而在近代社会,曾经有一段时间,中国商业落后于世界商业。但是随着中国开启改革开放,中国企业慢慢地把最重要的一股商业领袖力量注入全球商业中,我们也慢慢地从商界学生成为贡献者。

　　今天,世界已经充分见证了中国企业的实力,但我们也面临着更大的挑战,我们所处的时代、环境都在发生深刻变革,商业的经营、运行变量更为复杂,需要新的关系构建、新的能力重组、新的模式迭代——我们将其总结为"链商"……

＃ 01
数字颠覆
——被改变的商业世界

"乌卡"迷局

"上古有大椿者,以八千岁为春,八千岁为秋。"

而今人生活在 VUCA 时代,若无"愿景、认知、勇气、行动",焉能于时代弄潮?

什么是乌卡时代

很多人都知道"黑天鹅"事件是非常难以预测且不寻常的事件。过去两年最典型的"黑天鹅"就是新型冠状病毒,短短数月,席卷全球,从公共卫生到全球经济,波及我们生活的方方面面。

那么你知道什么是"灰犀牛"事件吗?

"灰犀牛"事件是指太过常见以至于人们习以为常的风险,是影响巨大的潜在危机。

"灰犀牛"与"黑天鹅"是相互补足的概念,在每一次、每一组"黑天鹅"事件的背后,都隐藏着巨大的"灰犀牛"危机，而当今时代最大的"灰犀牛"便是"VUCA"：

Volatile——易变性，事情变化无常；

Uncertain——不确定性，我们不知道未来方向；

Complex——复杂性，意味着每件事都有可能影响另外一些事情；

Ambiguous——模糊性，事物之间的关系错综复杂，极不明确。

将这四个英文单词的首字母组合起来，与我们的时代、环境结合，构成一个完整的概念，便是 VUCA 时代——乌卡时代。

其实乌卡时代并非一个新词，它背后的精髓在于一个"变"字，有着清晰的时代脉络。

早在 20 世纪 80 年代，德鲁克就在自己的《动荡时代的管理》一书中第一次明确提出了变化对商业社会的冲击。80 年代商业社会的动荡程度已经非常可观。

沃尔玛成为零售行业的老大；日本丰田生产方式是对曾经统治全球工业的福特式生产方式的重大突破，丰田产品正试图进入美国市场；微软与 IBM 合作，成为英特尔架构的核心之一，而这个架构正好代表了信息技术发展的第一个阶段——信息技术对当时的企业来说依然是成本，因为信息技术本身没有相连，有着很多不同的系统和硬件分支。IBM 与微软合作,使得硬件生产标准化,从而降低成本,快速占领市场。

然而,德鲁克认为这还不够,在 20 世纪 90 年代又出版了另一本书《巨变时代的管理》,他认为"巨变"的"巨"是巨大的"巨",这个变化影响范围特别大。

事实也是如此,20 世纪 90 年代美国发现国际局势越来越扑朔迷离,提出了"VUCA"一词。而商业社会中的微软如日中天,更是令人看到了信息技术联结在一起的威力;苹果请回乔布斯,定下了苹果的"基调";谷歌、雅虎,以及亚马逊、阿里巴巴、腾讯创立……

宝洁公司时任首席运营官罗伯特·A.麦睿博(Robert A. McDonald)随后便借用了"VUCA"这一"军事术语"来描述新的商业世界格局:"这是一个 VUCA 的世界。"VUCA 发展于军事,应用于商业,现在已经通过咨询公司及学院进行研究和传播。

进入 21 世纪,越来越多的人发现商场如战场,局势愈发瞬息万变,"VUCA"也被越来越多的人感受到、认知到。

今天"VUCA"一词也概括了互联网时代商业世界的特征:在各个领域,商业组织和个人,很容易发现自己处于错综复杂的变化之中。在技术的推动下,不管是个人还是组织,彼此之间的联系越来越紧密,蝴蝶效应也越来越明显，影响事物发展的变量逐渐增加，不可控因素也随之增多。

当今时代的乌卡"变量"

今天我们的时代比任何时候都要复杂，科技革命、互联网浪潮、经济危机、地区冲突、全球化及新冠肺炎疫情的"逆全球化"等因素共同作用，加速和深化着"VUCA"。

第一，科技的不断进步导致了易变性。

摩尔定律是英特尔创始人之一戈登·摩尔的经验之谈，其核心内容为：集成电路上可以容纳的晶体管数目大约每经过18个月便会增加一倍。其揭示了信息技术进步的速度是以指数量级增长的，如苹果、京东、美团、字节跳动等都是以这种速度增长的，这些背后是信息技术让人类开始步入发展的快车道并越来越具备加速的能力。可以说技术的快速更新迭代让时代发展日新月异。

（其实从"VUCA"的发展脉络中我们也可看到这一点。）

第二，价值观的开放和多元导致了不确定性。

社会的进步让人们的思想得到解放，但是人文的进步

第一部分 什么是链商

与科技的创新、颠覆并不同步，技术的更新迭代总是发生在我们的认知之前。对于新的技术或突发事件，我们的看法不尽相同，于是大家的价值观"分裂"，并且需求呈现多元化，种种不确定性同时存在着。如人们对待无人驾驶的态度：有人拥抱，有人担忧。再如新冠肺炎疫情、石油价格战争、非洲蝗灾等"黑天鹅"事件，给我们的生产生活带来极大的不确定性。

第三，信息技术的不断创新导致了复杂性。

"互联网+"让社会知识的积累和信息的传播变得更加迅捷方便，让全世界结成了一个统一的整体。但是种种颠覆性的商业模式层出不穷，也让我们所处的社会环境由"复杂"变成了"错综复杂"。其中最明显的便是"跨界打劫"，打败自己的不是竞争对手，而是毫不相关的某一行业。

第四，传统思维习惯导致了模糊性。

为什么柯达、诺基亚会轰然垮塌？为什么索尼、松下在一夜之间陷入困顿？技术的进步给我们的工作和生活带来突如其来的现实变化，但是总是发生在我们的认知之前。面对变化，很多人还是习惯以传统思维来看待并思考问题，处理问题时也往往遵循过去的成功经验，然而随后发现事与愿违，陷入深深的迷茫。其实从来不是时代抛弃了我们，而是我们故步自封，使自己落后于时代。不认识这个时代，不知道自己身处一种什么样的环境，就无从得知应对变化的方法。这次新冠肺炎疫情也给了我们足够的警示：我们对世界过时的、错误的认知才是最大的"灰犀牛"。因此，我们不要等到"灰犀牛"冲过来时才开始奔跑，那一定来不及。

以"VUCA"应对"VUCA"

乌卡时代已来，这是我们每个人、每个企业无法逃脱的时代格局，我们该如何应对？还是"VUCA"。

Vision——愿景，乌卡时代特别强调计划和变化之间的有机结合，在这个时代，我们需要抓住不变的需求，为未来10年、20年搭建充分的、新的构想。

Understanding——认知，"变"与"不确定"是我们这个时代的主旋律，改变自己的认知，主动变革，才不会被时代淘汰。

Courage——勇气，我们所处的依旧是一个遵循丛林法则的时代，物竞天择、适者生存，不要成为"温水青蛙"，

第一部分
什么是链商

要勇敢地跳出自己的舒适区,提高自己的反脆弱性。

Action——行动,再远大的理想如果没有实实在在的行动做根基也是一场空,而当今社会竞争法则还多了一项,不是大鱼吃小鱼,而是快鱼吃慢鱼,我们必须提高自己的敏捷性和行动力。

这里的愿景会是"智慧—资源—资本"的链通,认知的提升是搭建新商业系统的基础,勇气和行动是充分掌握时代变量的能力。

正如2020年4月,拼多多创始人黄峥在致股东的信中写道:"新世界正在到来,新物种必然出现。"当众多公司陷入经济危机且面临生存威胁时,拼多多却在庆祝营业额同比增长50%。它以不同于其他电商平台的"普惠、以人为先、更开放"三大价值主张,成为中国第二大电商平台。

当所有人都在讨论竞争优势、竞争战略时,我们更应该看到技术、时代中的"新物种",自己更是要努力成为一个"新物种"——链商(后文会详细解读其含义),将时代的力量、技术的力量注入我们的商业中,让我们慢慢地从一个时代的"跟跑者",变成"领跑者"乃至"贡献者"。

数字能量搅动

"会当凌绝顶,一览众山小。"

当今时代的"绝顶"何在?在于"数字",它是技术,是生产要素,是新业态……数字时代让世界近在咫尺。

时代"动力基础"

我们在了解乌卡时代的时候,其实已经隐隐窥得"数字能量",它是时代风云的"动力基础"。

1946年,世界第一台电子数字计算机诞生。

1969年,互联网出现,世界很快迎来了德鲁克所说的"动荡时代"并开启"巨变时代"。

1971年,英特尔推出全球第一个微处理器。

1981年,IBM推出全球第一台个人计算机。

1989年,万维网诞生。

…………

网络时代加速,大数据时代就此开启,美国抓住了数字革命的机遇,创造了10多年的经济繁荣。欧洲和日本等地区和国家也紧随美国,积极推进数字革命,产生了巨大的成效。生活方式改变,商业空间重塑,中国也以昂扬的民族自信,加入时代的这股洪流。

1994年,中国接入互联网,Wi-Fi进入人们的生活。

1995年,中国挥别1G,进入2G时代。

1997年,网易成立。

1998年,搜狐、腾讯、新浪成立。

1999年,QQ出现,阿里巴巴开启电商新时代。

2000年,百度成立。

2009年,工业和信息化部为中国移动、中国电信和中国联通发放第三代移动通信(3G)牌照。

2013年,工业和信息化部正式向三大运营商发布4G牌照,移动互联网领域迎来新一轮创业潮。同年,工业和信息化部、国家发展和改革委员会、科学技术部共同支持成立IMT-2020(5G)推进组。

2014年,《国家新型城镇化规划》将智慧城市作为城市发展的全新模式,大数据平台接入政府政务服务。

2018年,中国大数据领域专利公开量约占全球40%,位居世界第二,华为发布了首款3GPP标准5G商用芯片巴龙5G01和5G商用终端,支持全球主流5G频段。

2019年，数字经济发展驶入快车道，全国各地先后成立了大数据管理机构，为经济社会发展助力，三大运营商正式上线5G商用套餐。

……………

不仅在中国，而且在全球范围内，数字力量都在改变一切。

在2007年，全球市值排名靠前的公司是通用电气、埃克森美孚、皇家荷兰壳牌、中国石油、中国移动等，如今这些实业巨头早已被苹果、亚马逊、微软、谷歌母公司、Facebook、阿里巴巴、腾讯等互联网公司赶超。

我们对数字经济的认知也经历了不断深化的过程。

数字经济是指以使用数字化的知识和信息作为关键生产要素、以现代信息网络作为重要载体、以信息通信技术的有效使用作为效率提升和经济结构优化的重要推动力的一系列经济活动。[一]

中国在面对世界百年技术产业体系之变、大国竞争格局之变、国际经济治理之变时，在各地密集出台了数字经济规划、行动计划，把数字经济当作"十四五"时期迈好第一步、见到新气象的重头戏，这也可以从我国的产业结构调整中窥得一二。

[一] 本部分内容摘自 2016年G20峰会官网。网址：www.g20chn.org/hywj/dncgwj/201609/t20160920_3474.html。

中国产业结构调整启示

三大产业是联合国使用的分类方法。

第一产业包括农业、林业、牧业和渔业。

第二产业包括制造业、采掘业、建筑业和公共工程、水电油气、医药制造。

第三产业包括商业、金融、交通运输、通信、教育、服务业,以及其他非物质生产部门。

2020年中美三大产业占GDP比重见表1-1,中国距离达到发达国家的产业结构比重还有些差距。

表1-1 2020年中美三大产业占GDP比重

产业类型	国别	
	中国	美国
第一产业	7.70%	0.84%
第二产业	37.80%	17.65%
第三产业	54.50%	81.51%

资料来源:国家统计局、美国商务部经济分析局。

中国调整产业结构并不是要缩小第一产业的绝对值,而是要通过技术升级提高第二产业和第三产业的附加值,从而扩大第二产业和第三产业的比重力量,达到高质量配置的产业结构。

那么，中国会从哪些方面调整产业结构？

习近平总书记强调："积极发展新一代信息技术产业和数字经济，推动互联网、物联网、大数据、卫星导航、人工智能同实体经济深度融合"。"十四五"规划和2035年远景目标纲要设立专章部署"加快数字化发展 建设数字中国"，强调"打造数字经济新优势"。这为我国数字经济发展指明了方向、提供了遵循。㊀

如今，人工智能、物联网、区块链、5G……新一轮科技革命和产业变革席卷全球，中国将加速推进数据价值化，促进数字技术与实体经济融合，推进产业数字化与数字产业化，用信息技术推动农业、工业全面升级，打造数字经济新业态，从而提高第二产业和第三产业的比重，达到经济体量的增长。

而这背后便是数字经济的特性。

第一，数据成为新的生产要素。

农业经济和工业经济以土地、劳动力、资本为关键生

㊀ 邵芳强.大力发展数字经济（专题深思）[N].人民日报，2021-04-08(09).

产要素，而数字经济以数据为关键生产要素。随着移动互联网和物联网的发展，人与人、人与物、物与物之间的互联互通得以实现，数据量呈现爆发式增长。庞大的数据量及数据处理和应用需求催生了大数据概念，这也让数据日益成为必要的战略资产。数据资源会是企业的核心竞争力，谁掌握了数据，谁便握住了发展优势，对国家来说也是如此。

可以说，数据是数字经济时代的生产要素，数据驱动的创新正在向科技、经济、社会等各个领域扩展，成为经济创新发展的关键形式和重要方向。

第二，技术基础设施正成为新的基础设施。

工业经济时代，"铁公基"是经济活动的基础设施，互联网出现后，网络和云计算成为必要的信息基础设施。随着数字经济的发展，数字基础设施概念的内涵变得更为丰富，既包括相对传统的网络设施和技术能力，又包括了对传统物理基础设施的数字化改造，比如数字化交通系统、数字化购物方式。当今时代的基础设施正在由钢铁水泥变成光和芯片。

第三，信息技术是推动数字经济的关键。

曾经蒸汽机引领了工业革命，现在信息技术引领着信息革命。移动互联网、云计算、大数据、AI、物联网、区块链等信息技术的突破和融合发展推动了数字经济的快速进步。

比如，移动互联网拓展了互联网的应用场景。5G 的重点便是从移动互联网向物联网应用领域扩展，以满足未来千倍的流量增长和上千亿设备的联网需求；区块链的发展带来了全新的金融解决方案、金融技术，颠覆着人们的认知，人与人、人与社会之间的关系将变得更加多元……

这些技术不断创新融合，以指数级速度整体演进，促进数字经济持续创新发展。

对于发展中国家来说，数字革命更是千载难逢的机会。据中国信息通信研究院发布的《中国数字经济发展白皮书》数据显示，我国数字经济的总体规模已从 2005 年的 2.62 万亿元增长至 2020 年的 39.2 万亿元，数字经济总体规模占 GDP 的比重也从 2005 年的 14.2% 提升至 2020 年的 38.6%。2020 年在新冠肺炎疫情冲击和全球经济下行叠加的影响下，中国数字经济依然保持 9.7% 的高位增长速度，成为稳定世界经济增长的关键动力。

从各种数据和资料中，我们深切地感受到中国正在将超大规模市场和人口红利转化为数据红利。

下一个赛道在哪里

进入数字经济时代后,数据红利正在代替人口红利成为经济发展的新发动机。数据红利是指线上线下产生的数据成为生产要素之一,通过技术开发、利用,推动产业数字化转型,对生产和经济增长产生积极影响。

比如 2020 年新冠肺炎疫情,许多行业发展被按下暂停键,但是以数字经济为代表的信息传输软件和信息技术服务业却同比增长 14.5%,线上线下融合的新模式、新业态也展现出强大的活力和发展潜力。

2020 年 1~7 月,高技术产业投资同比增长 8.0%,增速比上半年加快 1.7 个百分点。其中,高技术制造业投资同比增长 7.4%,增速比上半年加快 1.6 个百分点;高技术服务业投资同比增长 9.1%,增速比上半年加快 1.9 个百分点。㊀

2020 年上半年,高技术产业规模不断壮大,高技术制造业增加值同比增长 4.5%,占规模以上工业增加值比重为

㊀ 本部分内容摘自中华人民共和国国家发展和改革委员会(网站)。网址:https://www.ndrc.gov.cn/xwdt/ztzl/jzjj/202009t20200910_1238045.html?code=&state=123。

14.7%，比上年同期提高 0.9 个百分点。智能制造、新能源等新兴产业发展壮大，上半年服务机器人、城市轨道车辆、充电桩产量同比分别增长 20.9%、13.0%、11.9%。㊀

2020 年上半年，新业态新模式不断涌现，移动互联网累计接入流量增长 34.5%。直播带货等新模式异常火热，远程办公、在线教育等新需求快速扩张。实物商品网上零售额同比增长 14.3%，占社会消费品零售总额的比重达 25.2%。㊁

产业投资增长，产业规模壮大，新业态新模式涌现，数据红利的背后是新赛道的开启和布局：一方面数字经济的蓬勃发展，极大促进了我国消费市场的大一统和零售业的现代化，这为构建以国内大循环为主体的新发展奠定了基础；另一方面，由网络直播、智慧办公等新业态带来的数据驱动、软件定义、平台支撑、智能主导、价值共创的产业变革，正在重塑数字经济时代的主要生产方式，拓展行业新业态发展空间会是我们主要的发展方向。

㊀ 本部分内容摘自中华人民共和国国家发展和改革委员会（网站）。网址：https://www.ndrc.gov.cn/xwdt/ztzl/jzjj/202009/t20200910_1238046.html?code=&state=123。

㊁ 本部分内容摘自中华人民共和国国家发展和改革委员会（网站）。网址：https://www.ndrc.gov.cn/xwdt/ztzl/jzjj/202009/t20200910_1238047.html?code=&state=123。

第一部分
什么是链商

然而，我们也应该看到，中国互联网的发展即将步入3.0时代，自身发展模式造成"天花板效应"。互联网变现的加速和资源的高度不确定，跨界业务与传统平台既有优势之间的不相关性，加之乌卡迷局、竞争加剧、巨头垄断等因素，我们知道该往哪里走，却往往不知道该怎么走，此时便需要链商突围了……

链商突围

"一事精，百事精；一无成，百无成。"

今天的我们要精于何事？精于链商一事，然后"一事成，百事成"。

从《中欧全面投资协定》落定说起

2020年12月30日，中欧领导人共同宣布如期完成中欧投资协定谈判。

经历7年时间和35轮艰苦谈判，此份协定将成为中国对外签署的最具雄心的投资保护协定。尽管其合作对象仅限于欧盟，但鉴于欧洲是世界上最大的发达国家集团，同时又是中国第一大技术来源地，此协定在吸引外资和对外投资领域具有重要的突破性意义。

当今社会，人类已经进入数字经济时代，AI、工业4.0、大数据、云计算、区块链、物联网、VR、5G等已经成为

第一部分 什么是链商

热门话题,新零售、新媒体、新金融、新制造、新技术、新能源、新基建等不断涌现。基于这样的技术背景和时代背景,我们提出"链商"概念。

我们的初衷很简单,就是本着"改善全球商业生态,推动人类文明进步"的使命和"链商思想引领商业文明,关系重构幸福数亿家庭"的愿景,帮助大家拨开乌卡迷雾,认识数字能量,把握时代脉搏。

当今时代的技术变革,已经无法容许我们再以传统的方式去应对,新技术、新变革的挑战总是很容易突破临界点,产生加速变化,在极短时间内改变格局。

在此形势下,传统行业举步维艰。

传统零售面临"关门潮",微商业绩断崖式下滑,大量企业被卷入疯狂的涨价旋涡中,苦苦挣扎,命悬一线……

我们需要新的认识、新的能力、新的商业模式来改变一切,应对未来。而链商,会是全新的认识跃升契机、能力互联系统、业态创新沃土……

那么,链商到底有何先进性?

链商的四重含义

人类社会发展至今,每一次技术革命都会对人类社会产生深刻影响:

活字印刷术,改变了人类思想的传递方式;

蒸汽革命,释放了人类的生产力;

电气革命,解决了人类基本的生活需求;

互联网革命,彻底改变了信息传递的方式。

每一次颠覆性革命的到来,都会造就一批富翁,人类创富历程走过了第八波:

财富第一波,农业革命——土地;

财富第二波,工业革命——工厂;

财富第三波,商业革命——连锁;

(互联网革命上半场)

财富第四波,半导体革命——IT;

财富第五波,健康革命——保健;

财富第六波,互联网革命——在家创业;

财富第七波,移动互联网革命——O2O;

财富第八波,互联网金融革命——P2P。

今天,互联网革命进入下半场,特别是区块链正在被

第一部分 什么是链商

越来越多的人定义为第四次工业革命。世界经济论坛创始人兼执行主席施瓦布认为，区块链技术是自蒸汽机、电和计算机发明以来的第四次工业革命——数字革命的重要成果。相关媒体也点出区块链的价值是互联网的十倍。

区块链革命，颠覆人类社会价值传递的方式。

我们正在迎来财富第九波，数字经济——区块链商业生态。

链商的"链"既是区块链的"链"，基于先进技术、先进模式，为用户提供产品和服务，也是商业生态链的"链"，以用户价值为导向，通过跨界纵向实现产业链整合，横向实现用户关系圈扩展，打破工业化时代下产业边界并颠覆传统商业生态模式，实现链圈式价值重构的生态体系。而链商的"商"，是商数 CQ，也是商业、商人。

具体来说，链商有四重含义。

第一重含义，链商是关系科学，是一种成功因子。

未来万物互联，一切都将被纳入一张大的统一的关系网中，加之区块链带来的社会价值认知变革、传递方式变革，链通一切关系的链商将越来越成为未来成功的关键。

在复杂多变的社会环境下，成功除了需要智商、情商、财商、逆商、健商、心商外，还需要德商、美商、灵商、爱商、志商和胆商。而链商作为一种链通关系的商数，就像一条链接宝物的魔法绳，将众多资源串接成为价值不菲的珍珠项链。这是一种洞察和处理各种关系，链接、融合、变现各种资源的能力，是数字经济时代一种重要的竞争力。

第二重含义，链商是链接、融合的营销智慧。

人们价值传递方式的改变，必然引发新的价值形式，这对人类的生产、消费会产生巨大影响，价值投资、价值消费、价值创造会成为时代的主流，我们需要打通"智慧—资源—资本"的壁垒，全面实现完整链接，而这便是我们新的营销智慧。

第三重含义，链商是数字经济时代下的区块链商业生态。

基于区块链建立起来的商业，我们称之为"链商"。基于互联网的电商，顾客与公司的联系仅限于好用就多买，不好用就换一家，没有对公司强有力的认同。基于移动互联网的微商，借助社交软件为工具，以人为中心，以社交为纽带，开始时爆发力强，但因为需要囤货、层级化、产品品质无保障等因素，难以持续发展。

第一部分
什么是链商

5G促进万物互联，区块链构建万物互信，链商是为了消除信任不对等而生的。顾客只有成为社区的一个成员后，才会有强有力的认同感。在区块链时代，顾客和公司的关系是模糊的（顾客会因为自己的交易行为获得相应的奖励），顾客就是公司的一部分，公司也是顾客的一部分，这是一种相互融合的关系，这在过去的商业时代是不存在的。而且，不仅顾客自己会被黏到链商平台上来，他还会带动他周围的亲朋好友也黏进来，这就是链商不可思议的地方。

从电商、微商到链商，从过去的上网到未来的上链，这将会引领商业新时代。依托数字经济发展土壤，抓住区块链技术对数据的挖掘、应用、链通，及实体产业的应用模式，让数据这个新生产要素充分发挥效力，并借由先进的平台，全面布局，链接价值，打造充满活力的新商业生态，是时代发展的必然趋势。

第四重含义，链商是数字经济时代全新身份。

就如同曾经互联网时代的电商、移动社交时代的微商一样，数字经济时代需要链商！

达尔文说，万物在演化中生存下来，不是依靠力量或智慧，而是适应变化的能力。链商时代刚刚开始，未来我们一定有足够的能力适应这个时代。

02
链商时代
——从区块链说起

风云际会区块链

"天下有大勇者,卒然临之而不惊,无故加之而不怒。"

区块链是造富奇迹还是泡沫骗局?其实,区块链只是技术,只是工具,怎样看待它和使用它,全取决于我们自己。

是泡沫还是革命

说到区块链,很多人本能地就想到虚拟币,如比特币、以太币等。"一涨,区块链革命;一跌,骗局",这也是一些媒体最喜欢的论调。

其实,区块链的发展和互联网的发展没什么不同。

互联网初期,"互联网泡沫"论甚嚣尘上,很多人认为:"这不是骗局吗?"因为大多数人对一个新事物的判断,要么来自媒体,要么来自"专家",都是简单粗暴的人云亦云。而互联网承诺的使人们为之狂热,却短时间内无法兑现,当"泡沫"破裂,于是人们便以"骗局"看待它。可是很快,经历了互联网 1.0、2.0、3.0,人们才意识到:"哇,这是互联网革命!"

没有思考能力的人才会觉得泡沫就是泡沫,有思考能力的人才会想泡沫为什么会出现,泡沫的背后到底是什么。而这背后是极大的信息不对称。

比如普通人并不知道人工智能发展到了什么程度,它对世界的改变到底在哪里,又将引发何等改变。但是深耕这个领域的研究者、从业者,以及一些行业领先的企业却非常清楚这种发展。于是,我们看到了,一方面是人们眼中的"泡沫""骗局",另一方面却是各大行业、地区,乃至政府对区块链的极力推崇。

比如,中国工业和信息化部发布《中国区块链技术和应用发展白皮书(2016)》,美国伊利诺伊州政府用区块链技术追踪医疗执照,IBM 推出基于 Stellar 的区块链支付网络,西班牙第二大银行 BBVA 通过区块链发放贷款,索尼公司开发基于区块链的数字版权管理系统,中农网搭建农业区块链平台……现在越来越多人认识了区块链,开始由惊奇于比特币等数字资产的疯狂,转为研究其技术革命力量。

所以,对待一个新事物,我们不能人云亦云,而是要深入其中研究其发生的原因、运行的规律,然后推测其未来的趋势、影响。区块链看似离我们很遥远，但是它所引领的时代变革正在悄然发生，我们不能以"局外人"的眼光看待它，而是要以"局内人"的姿态理性把握它。

那么，到底什么是区块链？它又具备哪些革命力量？

这需要我们先追本溯源，了解区块链的技术基础、爆发契机和应用前景。

区块链的"进化"之路

区块链本质是一项技术，是比特币等加密货币存储数据的一种独特方式：引用数据结构存储大量交易信息，并且对每条记录都进行有序链接。而这便是狭义区块链。后来，人们将其内涵做了广义的延伸。

广义区块链，是实现了数据公开、透明、可追溯的产品架构设计方法，必须包含点对点网络、加密技术、分布式算法、数据存储技术这四个方面，可能涉及分布式存储、机器学习、VR、物联网、大数据等。

而区块链的发展及含义的延伸是有过程的。

"史前纪事"（1976～2006年）

有人将1976年称为区块链史前时代元年，因为这一年，有两位密码学大师发表了论文《密码学的新方向》，论文覆盖了未来几十年密码学新的发展领域，如非对称加密、椭圆曲线算法、哈希算法等，奠定了密码学发展方向，也对区块链技术和比特币的诞生起到了决定性作用。

随着密码学的发展，眼光敏锐的人已经开始尝试将其运用到货币、支付相关领域，密码学、分布式网络开始与货币、支付相连接，并进入爆发期，第一代POW算法出现。到了1998年，密码学货币的完整思想被提出。

进入21世纪，点对点分布式网络的出现，奠定了P2P网络计算的基础。此时，区块链诞生的所有技术基础在理论、实践上都被解决了，比特币呼之欲出。

爆发契机"中本魔咒"（2007～2009年）

中本聪早在2007年就开始探索用一系列技术创造一种新货币的办法，2008年他发表了著名论文《比特币：一种点对点的电子现金系统》。在这个交易系统中，资产是去中心化、不可增发的，该系统能够轻松且安全地解决第三方平台不透明、不可控、花费高的缺点。2009年，中本聪用第一版软件挖掘出了创始区块，伴随着"The Times 03/

第一部分
什么是链商

Jan/2009 Chancellor on brink of second bailout for banks"㊀（2009年1月3日，英国财政大臣正处于实施第二轮银行紧急援助的边缘）这句话，区块链时代开启。

此时支撑比特币体系的主要技术包括哈希函数、分布式账本、非对称加密、工作量证明，这些技术构成了区块链的最初版本。这也是一个极少数人参与的技术试验阶段，相关商业活动还未真正开始。

极客信仰阶段（2010~2012年）

早期获得比特币的方法是挖矿和在论坛或IRC上交易。2010年5月，美国一个程序员用1万个比特币买了一个25美元的比萨，这成为第一次有记录的把比特币用作现实生活中的货币交易，比特币产生了自己的价值。

两个月后，著名比特币交易所Mt.Gox成立，并一度成为世界最大的比特币交易所，这标志着比特币真正进入了市场。此时市场中参与比特币买卖的主要是狂热追捧互联

㊀ 这是2009年1月3日《泰晤士报》当天头版文章标题。当时人们认为各国央行无节制地印钞是导致经济危机的元凶，而诞生于经济危机之中、总量恒定的比特币被认为是更好的货币，肩负着拯救经济危机的使命。

网技术的极客们，然后仅仅几年时间，这些极客们中的一些人成了亿万富翁和区块链传奇。此后，比特币由极客圈走向公众视野，比特币和区块链小有名气。

市场酝酿阶段（2013~2015年）

2013年，矿机出世，张楠赓（南瓜张）第一个研发出ASIC矿机，并将其命名为"阿瓦隆"。ASIC比特币矿机问世，也孕育着这个市场的新巨头，比特币开始走向大规模商业化的阶段。2014~2015年，去中心化应用平台出现，俄罗斯天才神童Vitalik Buterin（V神）创立了Ethereum(以太坊)，智能合约的概念引领区块链2.0。以太坊的出现，意味着一个巨大的创新，也意味着一个非常具有标志性的去中心化应用平台的出现。自此，大众开始了解比特币和区块链，尽管还没有普遍认同。

此时比特币和区块链进入主流社会经济的基础还不具备，2014年比特币价格飙升包含了过于乐观的预期，之后中国银行体系的遏制、Mt.Gox的倒闭等事件触发大熊市，比特币价格持续下跌，2015年初一度跌至200美元以下，许多相关企业倒闭。

进入主流阶段（2016~2018年）

2016年颇不平静，英国公投决定脱欧、朝鲜进行第五次核试验、特朗普当选美国总统……世界主流经济的不确定性增加，具有避险功能从而与主流资产呈现替代关系的比特币开始复苏，交易规模快速扩张，2016~2017年，比特币牛市开启。

比特币的造富效应，引发ICO[一]风暴，同时各种区块链应用大爆发，引发全球疯狂追捧。各种应用项目如雨后春笋般冒出，一场疯狂的造富盛宴就此拉开序幕。但是这些项目的发行方大多数是为了"圈钱"，整个市场十分混乱，大众也因为贪婪和无知付出了代价。为了拨乱反正，2017年9月4日，中国人民银行等七部门联合发布《关于防范代币发行融资风险的公告》，正式叫停代币发行。该公告指出，任何组织和个人不得非法从事代币发行融资活动（此次事件被称为"币圈94事件"）。

到了2018年，数字资产和区块链在市场、监管等各方面得到规范，行业对于区块链的认知也更加理性和成熟，业界在一定程度上已经达成共识：区块链的炒作已经结束，

[一] ICO（Initial Coin Offering）：区块链项目首次发行代币，募集比特币、以太币等通用数字货币的行为。

今后主要任务是利用区块链技术赋能实体经济，加速落地应用。关于区块链技术的讨论开始多起来，币改、票改、链改、通证经济等各种概念被提出，人们对区块链的认知慢慢变得不再狭隘，多个行业开始使用区块链进行尝试和试验。因此有人称2018年是区块链技术的"启动元年"。

我们可以将这几个发展阶段再归纳一下。

区块链1.0，是以比特币为代表的虚拟货币阶段，其发展得到了欧美等国家市场的接受，同时也催生了大量的数字货币交易平台。

区块链2.0，是"区块链+智能合约"阶段，智能合约与货币相结合，为金融领域提供了更加广泛的应用场景。

区块链3.0，这一阶段区块链被应用在金融行业之外的各行业，能够满足更加复杂的商业逻辑。

区块链1.0是萌芽期，只满足虚拟货币需要，虽然蓝图很宏伟，但是却无法普及其他行业；区块链2.0，利用智能合约的优势在金融领域进行技术落地，是区块链技术尝试性的一次延展运用；区块链3.0，历经乱象阵痛的人们，开始了理性的回归和深思，深刻认识到区块链技术的特点及优越性，着眼点已经从虚拟货币转移到变革价值，从技术颠覆转移到行业赋能，以便推动更大的产业变革，而这也就是区块链能够引发时代变革的实力所在。

第一部分
什么是链商

（区块链的技术特点和优越性将在"链商兵法"一章中详细为大家介绍。）

在人类历史中，一个思想、技术从被提出，到真正发扬光大，差不多需要几十年的时间，因为需要被接纳、消化、探索、实践，区块链的产生和发展也遵从这个模式。我们还处于区块链技术全面爆发的前期，一切都会是机遇，属于链商的时代已经来临……

资源、资产新"载体"

"我们要获得现有的一切,而其要创造现在还没有的新事物!"

如果技术是区块链引发时代变革的"实力",那么认知的变革便是区块链引发时代变革的"能量"了。而"实力+能量"便会是链商成长的沃土。

未来,最大的资产是人

有人说:未来,人即货币。也有人说:未来,最大的资产会是人。

这如何理解?

当创造、工作、技能、收入、证件等一切我们最有用的东西,都可以变成我们的权益,变成数据,并可以在一个系统中交易流通,那么对每一个人来说,一切皆是资源,虚拟和现实之间的界限变模糊,人和货币之间也逐渐"融合",每一个人都可能成为移动的"货币",大家靠自己的所有物便能创造财富。

所以,未来最大的资产会是人。

那么,如此美妙的前景能够实现吗?

能!因为有区块链和 Token。

其实在区块链之前 Token 就已经存在!

在网络通信中,Token 的原意是指"令牌""信令",网络中的每一个节点轮流传递一个"令牌",只有拿到"令牌"的节点才能通信。这个"令牌"其实就是一种权利,或者说是权益证明,但当时它也未引起大家的注意。

之后,随着区块链概念的普及,以太坊及其 ERC2.0 标准的出现,任何人都可以基于以太坊发行 Token,Token 被用来做 ICO 也是普遍做法,因此它便被翻译成了"代币",甚至我们将它等同于比特币、狗狗币等这样的数字资产。

但是"代币"的翻译还是窄了,它只是 Token 的一种特殊形态,并且容易让人误会,认为 Token 只有代币的功能。更准确的翻译应该是:

Token(通证),即"流通"和"权益证明",可以代表任何权益证明。

Token 有三大要素：权益、加密、流通。

从某种意义上来说，Q 币、游戏币、各企业发行的用户积分、商场会员卡等都是"原始通证"，都是一种数字化的权益证明，但是如果没有密码学的应用，它们在流通上会受到限制。而我们可以将比特币等数字资产看成是一种"代币升级"，它们依赖区块链进行流通交易。比特币的流通性、稀缺性都是代币无法比拟的，更加接近货币本质。但是不管是代币还是数字资产，其核心都离不开 Token。

Token 可以将房产、工资、股票、合同、证书、艺术作品等有价值的东西变成数字权益证明，而区块链就是这些数字权益加密流通交易的基础设施和媒介，并能够服务实体经济。Token 和区块链是相互独立的，Token 可以独立发展，区块链也可以没有 Token，但是没有 Token 的区块链就是一个数据升级技术而已，没有区块链的 Token 无法去信任化地流通。

所以，只有两者结合才能创造最大的价值，区块链提供最强的安全保证及信任传递能力，为 Token 打造最好的支撑和流通平台；在区块链世界里，Token 是最直接的经济价值表达，二次颠覆人们对财富和资产的认识（第一次颠覆是数字资产出现之时）。

而链商就是帮助大家看清未来资产的变局，理解如何将我们自身转变成资源、资产的"载体",实现我们自身即是资源,我们自身即是资产的愿景。如今 DeFi 的风靡更是让我们具备了这种可能性,链商时代加速到来。

来自 DeFi 的助攻

前面我们说区块链于 2018 年走到了 3.0 阶段,那么 2018 年之后呢?

2019 年,特斯拉创始人马斯克曾在推特上问 V 神:基于以太坊开发什么功能好呢? V 神非常认真地回复了 5 条推特,其中第一条就是关于 DeFi 的。

是的,2018 年之后,DeFi 从一个默默无闻的概念一跃成为区块链的新风潮。

DeFi(Decentralized Finance),被称作去中心化金融或者分布式金融。

去中心化金融是指那些在开放的去中心化网络中发展而出的各类金融领域的应用,目标是建立一个多层面的金融系统,以区块链技术和加密货币为基础,重新创造并完善已有的金融体系。

举个简单的例子,拿跨境支付来说。当你给另外一个国家的人汇款，一般都需要找金融机构来完成这一支付任务，比如银行，但是金融机构会收取一定的费用。DeFi 可以将整个汇款过程去中介化，让你可以从自己的钱包直接发送数字资产给收款人，不需要金融机构的居间服务。

目前 DeFi 应用包括支付、借贷、去中心交易所、去中心化钱包、保险平台、身份认同等领域，我们可以看到一个全新行业的早期阶段，但是它带来的不仅仅是去中心化金融。

1.DeFi 正在试图建立不同的东西

互联网、密码学和区块链等技术为我们提供了去中心化基础，DeFi 建立起的是一个对所有人开放的、更具弹性和透明度的金融体系，并最大限度地降低一个人信任和依赖金融机构的需要，交易不需要公证人、监督者。就像区块链世界流传的一句名言那般"不要信任，去验证"，你作为个人可以验证任何一笔交易，并选择最适合自己的服务，而这将极大地改变我们的支付、融资、贸易，乃至营销方式。

2.DeFi 将提供更广泛的全球金融服务

目前传统金融领域对被服务用户的门槛要求很高，在身份、财富和地域方面都有严格的把控。但是在 DeFi 体系中，金融公司的金牌交易员与偏远地区的农民享受到的服务是没有区别的。同时，中心化机构的流程过于复杂烦琐，DeFi 可以为用户提供更为简单便捷的金融服务。也就是说，在 DeFi 的帮助下，未来商业世界的连通将更加的公平和便捷。

3.DeFi 可以使资产像乐高积木一样被组合

有了乐高积木，你可以从一堆小砖头开始，按你的想法自由拼凑成自己想要的东西。区块链中的 Token 也是如此，通过将 DeFi 的现有组件——Token，拼凑在一起，你可以按需组合，修改或创建功能强大的财富工具。

然而，DeFi 的魔力不仅限于此，NFT 的出现更是赋予了它更大的想象空间，让越来越多的人意识到 DeFi+NFT 的可能性。可以说 DeFi 的愿景是一切资产都可以 Token 化，自由地在全球开放的市场上交易。

DeFi+NFT 带来的美妙前景

一段 75 秒的音频卖出了 6600 美元，一条推特卖出了

290万美元,一张网络上可以随时复制下载的图片卖出了6900万美元……种种匪夷所思的天价,犹如天方夜谭一般地令人不可思议,这种情况正在现实中不断发生。这一切的发生源自一个绝大多数人还很陌生的概念——NFT。

一般来说,加密数字资产可以分为两大类:FT(同质化代币)和NFT(非同质化代币)。

FT在交易中可以互换、拆分,两两无法区分,比如比特币,在同一个时间点每一个比特币所能代表的价值是相同的,比特币也可以分割成0.5或0.01个比特币,比特币之间可以进行交换。

NFT拥有独特且唯一的标识,两两不可互换,最小单位是1且不可分割,比如最早的NFT——Crypto Kitties(加密猫),它是全球首款区块链游戏,每一只猫咪都独一无二,且无法被复制或销毁。

由于稀缺性和不可替代性,NFT流通性差,但是DeFi的出现却催生了一个DeFi+NFT的新玩法,不仅使其大热,更是造就了新一波财富神话。

比如前沿艺术家Beeple将5000张日常画作拼接在一起,创作了《每一天:最初的5000天》(*Everydays: The First 5000 Days*),并以超6900万美元的天价卖出,这使他一跃成为全球第三富有的在世艺术家。

第一部分 什么是链商

其实 NFT 的本质就是 Token，它可以是任何数字化的东西，如声音、图像、一段文字、一件游戏里的道具等，只是不同于一般的 Token，它更具稀缺性、原创性。我们要看到的不是当前人们对 NFT 数字产品价格的争议，而是 NFT 对未来市场的影响。

对创作者、销售者来说，NFT 不仅让他们的"原创"交易、"才华"交易成为可能，而且也能让他们获得永久收益。比如，NFT 可以被编码为允许原始创建者在每次 Token 交易时获得收益。

对收藏者、消费者来说，NFT 提供了安全所有权证明，可以保护他们买入手中的商品价值。当今时代复制和伪造一些东西很简单，如果没有 NFT 这般无可争辩的所有权记录，很多商品的稀缺性价值根本无法体现。

也就是说，未来，我们的创造力、才华不仅能够很好地被证明、保护，也会越来越值钱，我们购买的不仅仅是商品，更是承载在商品上的价值。未来，曾被少数中心化机构所掌握的财富价值也将通过区块链和通证经济分配到每一个贡献者手中，互联网将从传统的历史关口真正迈入新价值时代，我们的一切都可以实现资本化、资源化。

数字化生存

"仰天大笑出门去,我辈岂是蓬蒿人。"

数字化生存是链商时代的"主旋律",每个人都可以竭尽全力活得精彩。

"数字生命体"

有人曾这样调侃:"最了解我的不是我自己,而是我所使用的软件。"

今天,我们发的每一句言论、注册的每一个账号等都在产生数据,并被软件平台采集、分析。企业在挖掘用户、拓展市场时,也会借助海量数据进行决策分析,数据对它们来说,犹如新时代的石油,极富开采价值。

数据可以让企业更精准地找到用户,产生更为多元化的产品,提高效率。

利用数据的角度不同,或侧重数据分析,或侧重数字交

第一部分
什么是链商

易等。

基于数据挖掘将会诞生更多的商业模式。

把数据当作最大的交易商品、资产、资源。

…………

今天我们又是如何生存的?

我们依托信息技术创造数据、使用数据;我们体验虚拟生存状态,超越现实,实现自我;我们感受网络人际交往的便捷性和真实性,实现跨时空链接;我们学会新型情感交流与体验,生活、工作、学习……

我们的生产方式、生活方式、交往方式、思维方式、行为方式都呈现出全新的面貌,数字化生存已经打破旧的时空观念,成为应用数字技术交流、共享和利用信息的生存状态。

数字因人而生,人因数字而丰富,从商业到社会,从工作到生活,从学习到创造,我们正在日益变成一个新物种——"数字生命体"。

这一切的一切也都在说明,人类社会正在经历一场革命。只是这场革命与以往的任何革命都不一样,它并非现实领土、领地的抢占,也没有枪炮、战争和巨大的骚乱作为表面特征,但是我们所认知的世界却早已被一分为二。

第一个世界,我们现在所处的日益与网络世界相结合的现实世界，我们原有的生活节奏、认知变革已被极大提速，我们的生产、生活也被打上浓重的技术、数字烙印。

第二个世界，我们脱胎于数字资产和区块链的新价值世界，这片世界虽然目前还处于蛮荒时期，充满了未知的风险，但是生机勃勃，充满机遇，已经有了勇敢的拓荒者。

第一个世界，满足着我们自身发展对物质和精神资源的需求。我们可以更加便捷地建立跨地域、跨文化、跨社会制度的新型生存空间，人与自然、人与社会、人与人之间将会以更普遍、更快捷的方式联系，各种资源将以更加高效的形式重新得到配置，不仅人的需求被更便捷地满足，新的需求也在不断产生。

第二个世界，将真正解放我们的时间、个性和创造力。这个世界不是像洪水猛兽般可怕和疯狂，也不是像大罗神仙那般举手投足间便可变换天地，它是社会、商业生产关系升级的工具、模式，是一种创造性的价值时空结构。这个世界一方面以现实实践的创造为基础，将我们的创造价值化、Token 化；另一方面又以体现价值的区块链平台，为这种 Token 化提供资本化、资源化的可能。我们可以在这个世界进行自我塑造和多样发展，将"数字生命体"的价值进一步放大。

这便是链商时代的基调和基本特征。两个世界之间也并非无法打通，只是隔着一条认知之河、能力之河，阻止着我们随意穿梭。

认知链商时代的特征

基于我们的数字化生存，链商时代有三个最重要的特征。

特征一，我们正在成为新物种——"数字生命体"。

这一点前面刚刚分析过，这里不再赘述。这里再次强调，人与数字的"融合"会成为一种必然，我们要做的便是顺应，自然而然地接纳、融入"数我一体"的趋势。这也是链商的认知变革和能力构造前提。

特征二，区块链"大航海"开启。

从最早的数字虚拟资产，到 Token、DeFi、NFT，以及区块链技术的落地，通过单纯的时间轴我们已经不足以描述区块链即将揭开的崭新时代，我们需要从技术、社会、行业、政府四个维度来重新分析。

技术角度，区块链本身公开、透明的技术特性，不仅是当前的前沿技术，更是具有共享数据、优化业务、降低运营成本、提升协同效率、建设可信体系等方面的作用，会成为下一代信息技术的重要组成部分。

社会角度，区块链不仅引发了人们对资产的颠覆性认知，也让越来越多的人也纠正了偏见，认知了区块链的价值。未来区块链会与5G协同，成为提升社会治理能力、完善物联网的底层协议架构。

行业角度，区块链应用场景开始分布于支付、电子票据、溯源防伪、IP管理等多个领域，并不断产生创新性应用模式。

政府角度，对数字资产的监管，中国一直处于前沿位置，中国也十分重视区块链技术，从国家、地区两个层面纷纷出台各种区块链发展政策。

同时，人类的商业生态将被重构，我们更是可以看到一个新的商业基础：

DeFi+Token+Real Business（开放金融+通证+真实商业）。

这会成为数字经济"三件套"，是数字经济未来的模样。其中开放金融是加速器，通证为我们的资产设定了新的方向和轨迹，并提供一个全新的增长逻辑，开放金融和通证的结合，会为我们真实的商业带来一场颠覆性的发展变革，给出一条未来增长曲线，让我们个人的、商业的价值增长十倍、百倍。而我们要做的便是努力提升自身作为资源、资产的价值(其方法便是本书后面所论述的链商系统)。

特征三,数字关系链形成。

云计算、区块链、物联网……将会打通各种数据孤岛,构建一个全新的、推动万物互联和万物智能的技术演进,在未来数字世界和物理世界越来越相互融合的数字经济中,构建人、组织、物、数据和价值之间的关系链。

在这样的大趋势面前,我们不能故步自封,而要打破曾经的认知体系,将各种认识、能力要素和谐统一,从而收获一个全新的圆满的商业和人生。本书的第三部分"链商变量",便是帮助大家达到这一层面的进化。

如果说20世纪互联网的出现让世界变小了、变平了,让我们一下子进入了无国界时代,链商时代则是一次对财富、人生的重新缔造。我们已经不能用传统的眼光来看待今天乃至10年、20年后的世界。

那么,链商时代,你和你的企业准备好了吗?

第二部分
链商系统

链商是一个系统工程，它需要挖掘我们的逻辑、能力、商圈、方法等一系列重要因素，立体式构建我们自身的商业系统，其中：

链通逻辑——财富蓝图是框架，价值创造和传递是动力源，技术是必要手段，平台是生存土壤；

链力模型——基于CQ商数架构能力要素，基于CQ打造"1+4"能力系统，基于信息力实现数字无边界跨越；

链圈构建——把握新业态是基础，数权畅通是运转条件，共享式资源是合作聚力，通证模型是构建路径；

链商兵法——区块链技术护航，Token化交易促进生产变革，通证社群聚能发展，新投资与创造实现价值。

03 链通逻辑
——新系统思维塑造

重构财富蓝图

"不存在的事物可以想象,也可以虚构,但只有真实的东西才能够被发明。"

财富从来不应该成为"想象的东西",而是要成为可以被获取的"真实的东西",对财富蓝图的构建也应该是我们事业和人生的基础框架。

我们的财富路径

众所周知,建房子前做的计划或设计是建筑蓝图。我们预先设计的与金钱、资产相关的计划是财富蓝图,其建设方式、建设规模影响着我们的事业,所蕴含的金钱观正是我们对金钱的想法、感觉和行动计划,并一直默默地影响着我们的人生。

那么,财富蓝图又是如何构成的呢?

它好比数学公式一样,有着一步步的推导过程。

你的感触→你的思想→你的金钱观念——"大脑程序"。

"大脑程序"→你的规划→你的行动→你的结果——人生模样（成就）。

"大脑程序"的形成从我们小时候接收到资讯时就开始了，这些资讯来自父母、兄弟姐妹、朋友、权威人士、老师、媒体及文化背景等。我们对金钱的想法和行为都是"教育结果"。

这样的"教育结果"又是什么？

我们可以检视一下自己，有没有以下的看法：

金钱是邪恶的根源；

有钱人都是贪婪的；

不是每个人都能成为有钱人；

财富不属于你我这样的人；

人生平平凡凡、踏踏实实就好，不求大富大贵；

…………

这样的"教育结果"一开始会形成一种制约，然后再变成你的自发行动，一辈子影响着你。

比如，如果你在财富蓝图中将自己设定为"低收入"的人，面对机遇你可能会本着"这样的好事不会落在我的头上""平安是福"的想法，不敢冒险或不愿冒险，继续待在自己的舒适区、安全区，实现你所设定的财富蓝图。而

第二部分
链商系统

人与人之间是存在"吸引力法则"的，你是怎样的人、有着怎样的思想，便会吸引与你同类之人，即俗话说的"物以类聚，人以群分"。当你将自己设定为"低收入"的人，吸引的自然也会是与你一样"低收入"的人。人生如逆水行舟不进则退，当你的思想、你接触的人、你存在的环境没有任何的突破，你自然也就看不到人生更高处的风景。反之，如果一个人敢于追求财富，渴望高质量的人生，敢于突破，追求知识和技能，虽然未必大富大贵，但也绝不会沦为庸碌之人。

你的财富蓝图会决定你的生活，甚至影响你的人生。你的生意会多成功，同样完全受到你财富蓝图的影响，因为你的内心会不自觉遵循你的财富蓝图。

当然，这里不是批判这样的"金钱教育"，它的本意是好的，是希望我们对待金钱有正确、淡然的态度，但是有些观念显然已经有点不合时宜。如今不是仇富的时代，而是创造财富的时代。

所以，我们必须打破旧有的财富认知。

打破旧有财富认知

有句话说得好："你所赚的每一分钱，都是你对这个世界认知的变现。你所亏的每一分钱，都是因为你对这个世界的认知不足。"我们永远赚不到超出认知范围的钱，除非有天大的运气。而靠运气赚到的钱，往往也会靠实力亏掉。

认知的突破在于两点。

正确认识金钱的功能，金钱是人类交换生活资料、保障生存的交易工具。

金钱不等同于财富，要看到更多全新的财富形式。

第一点很好理解，不多解释。第二点，财富新形式如何理解呢？

很多人简单地把财富的形式等同于金钱、资产，并十分推崇如下的生活方式。

能控制自己的时间，每天醒来都可以说"我今天想做什么就可以做什么"。

赚钱的能力超过花钱的意愿。

有一个能保持理想灵性的职业生涯。

其实金钱、资产只是财富的表现形式之一，所谓的生活方式也只是财富自由的结果。但金钱、资产不是唯一，也未必是最好的!

　　财富可以是一切物质和自然资源，这些资源形成财富的条件在于你是否能够对它们加以控制和利用，并凭借这种手段"变现"——产生价值或换取别人的劳动。真正的财富不是金钱本身，而是让金钱去做更有价值的事情。

　　最明显的例子就是现代资本意义上的股票和数字资产。虽然谁也不能明确说出股票和比特币对人类有什么实用性，但是谁也不能否认在目前的经济环境和市场条件下它们的财富属性，因为它们可以用来换取他人或社会未来的劳动。

　　当今的多元化社会和信息技术也让财富形式更加丰富多彩。比如从2016年发展至今的知识付费，曾是移动端的新商业模式，拥有知识的大V在分答、知乎等平台实现知识变现（产生价值），粉丝付费就是大V的财富结果。再如短视频的火爆，人气便成为网红的财富，由此不仅诞生了很多"草根"造富传奇，也改变了营销方式……

　　所以，今天我们所拥有的财富，已经不单单是金钱、资产，更可以是知识、技能、创造力、人脉……链商时代，技术、平台的发展也都可以帮助这一切资本化、资源化，帮助我们重新构建财富蓝图。

　　那么如何重构呢？

新财富"复利蓝图"

也许提到财富蓝图,很多人本能地就会想到理财,制定一个金钱数额目标,然后规划将多少钱用于消费,多少钱用于应急,多少钱用于投资。同时,他们也十分认同复利的做法,相信"复利投资神话"。

一个著名的例子就是:一个人从现在开始,每年存1.4万元,并都能投资到股票或房地产,获得每年平均20%的投资回报率,40年后财富会增长为1.0281亿元。

这真的很诱人,一年1.4万元似乎很简单。可是现实中为什么很少有人因此实现财富自由呢?

其实这里面不是简单的复利投资,而是要具有投资智慧,懂得寻找、把握机会;重点不在于复利的年限,而是增加计算复利的基数,只有基数够大,投资回报才足够高。这背后涉及的也不仅仅是金钱,更是我们对机会的把握、资本的撬动、资源的应用……每一个链商构建的财富蓝图,也不仅仅是简单的投资理财(这很狭隘),而是站在整个商业维度上的"资本—资源—智慧"的链通。

第一，财富资本化。

资本是什么？

它有两层含义：第一指本钱，做一件事情的必要投入，我们每做一件事情都需要资本；第二指一切能带来财富和利益的手段。

一个富有的家族，如果只把钱财当成财富，当成资产，那么"富不过三代"，因为再多的钱都会被消耗掉。只有将财富从越用越少的"消费品"，变成越用越多的"资本品"，才能"富过三代"，并持续富有下去。世界上最富有的家族，无不是拥有资本的。

资本是隐藏在财富中的特有"潜能"，只有将财富转变为资本，它们才不会被消耗。也就是说，只有不会随着时间被消耗的，才是真正的财富；只有能够持续创新价值的，才是真正的资本。

因此财富资本化，就是不仅将我们所拥有的财富用于消费、供自己享受（这只是低级功能），更要努力将金钱、知识、能力等用在最合适的地方，把它们变成我们奋斗、创业、行商的本钱和手段。

第二，财富资源化。

财富本身就是一种资源，财富资源化，就是用一种资源去撬动另一种资源，从而达到资源的相互促进。

比如利用商业可以获得金钱财富，通过人格魅力能争取到更多的人脉。那么反过来，拥有金钱财富，我们可以有更多的机会增长见识，嫁接先进技术平台，同时也增加获取智慧的途径并扩大优质人际圈。而没有财富和人脉，也可以通过人格魅力，争取到更多人来支持你的事业，帮助你获取金钱财富。

链商时代，信息技术的发展，新型关系链的形成，一切都可以是财富，一切也都可以是资源。

第三，形成财富智慧。

财富智慧是别人无法拿走的东西。多数富有的人都不会无缘无故富起来，我们总能从眼光、格局、手段中找到他们成功致富的根源，而这就是财富智慧。真正的财富在于智慧，而不是金钱。

我们要在这三点上实现认识的转化、链通，统筹所有人生财富，以综合思维去管理、运用，同时以更长远的眼光、更大的格局"复利"更多形式的财富。当我们基于这样的财富蓝图，形成全新的财富模式，并将之反向操作——"智慧—资源—资本"，链商便会演变成数字经济时代的超级商业引擎（具体内容将在本章"借力并借道"一节详细阐述）。

价值化驱动

"人是寻求意义的动物。"

人生的意义在于价值,它不用时间衡量,而是用广度、深度去衡量,它还决定我们在什么程度和什么意义上实现自我解放。

时间"天花板"

有了财富蓝图,要如何实现呢?

很多人第一想到的便是提高收入。获得收入的基本方式是上班,其本质便是出售自己的时间从而获得劳动报酬。于是我们会去计算自己的时薪,想提升自己单位时间的售价,努力提高自己的工资水平,其做法如下。

提升学历、资历,比如很多人选择读研考博,因为平均来看,研究生和博士的时薪高于本科生。

学习各种专业技能,因为能力的高低直接影响业绩。

努力晋升职级，因为职级越高收入越高。

但是无论我们多么节省时间并对之高效运用，都会有一个天花板——总的时间。我们一天也只有24小时，在这期间我们会累，需要休息；我们有追求，需要娱乐、充实生活；我们还会做无用功，因为会犯错误，可能的原因是不熟悉、不是很懂……

我们很少看到有打工族实现财富自由，他们一旦停止了工作，所依赖的也只有积蓄了。靠上班提高收入显然不是我们前面所说的财富蓝图，顶多算是"工资计划"。

也有人会说，实现真正的财富蓝图得靠创业、行商。

这个方向当然没问题，但是启动资金何处来，资源何处来，人才何处来……而且传统的营销方式也早已不适宜当今的时代，不是你肯花钱砸广告，用户就买你的账。

买卖买卖，有买才有卖。而买、卖的方式早已发生了极大的变迁。

比如，早年的品牌设计通过VI系统创建识别，然后由单一通道——广告传达给消费者，那时产品也只是产品，是消费者用得到的东西，"名牌"就是品质的保证。但是今天呢？数字经济、新媒体时代，品牌VI虽然依旧举足轻重，但已经无法承载品牌的全部价值，产品成为品牌和用户之间最重要的纽带，我们所购买的不再是实体产品或产品的某项功能，而是基于场景建立品牌触点后，围绕产品发生的各种社会关系、情感，以及达到一定共鸣后产生的价值体验。

另外，正在成长起来的新一代消费主体"90后""00后"，他们有大量的个性化、社交化需求。比如网红产品通常不是我们所熟知的大牌产品，而是一些名字陌生的小众产品，甚至是匪夷所思的产品；再比如某博主曾经在分答上回答了32个问题赚了23.8万元，某明星靠一张照片在微博上一夜收入480万元，以及当今NFT的风靡和疯狂……一方面用户的数字化行为时刻推动着商业模式创新和品牌数字化，另一方面营销的基准点开始变成用户对产品的多渠道感知和体验。

所以，我们才经常听到创业者纷纷感慨"生意越来越难做"，听到"企业要么改革，要么灭亡""企业要么像用户一样懂他，要么像专家一样比他更懂"等论调。

创业、行商一定程度上也是一种出售时间的行为，只是将把时间卖给老板（企业）变成了把时间卖给自己，这里同样存在时间天花板。

其实，不管是个人还是商业，链商时代，驱动财富蓝图的不是靠出售时间，而是靠价值。

个人价值并联，积累资本、资源。

商业价值串联，创造财富奇迹。

个人的价值并联

物理学中有两个概念——"串联""并联"。

在很多人的意识中,工作、创业是一件只能"串联"的事情,每天有很多任务等待完成,做完了一个任务才能开始下一个任务或休息。这些人忽略了在工作过程中还可以同时积累其他的东西。

"并联"是两路甚至多路并进,互不耽误。比如,你可将工作分为两个路径。

路径一,给老板(企业)打工——得到工资。

路径二,锻炼自己的能力,开阔自己的眼界,积累自己的人脉资源,积累自己的个人品牌——获得成长。

这便是开启了"并联状态"。

写作对我们来说就是一种"并联状态",一方面锻炼我们的学习能力、思考能力、分析能力,另一方面也让我们基于对内容的梳理开阔眼界,基于对书的众筹认识各行各业的精英,这都是我们的财富,我们的资本和资源。

"并联状态"还可以让我们在不花费任何成本的前提下多次出售自己的时间。

我们写书花费的时间和书的销量、阅读量之间是没有因果关系的。写一本书的时间是固定的，不管10个人、10万人还是1000万人买我们的书，写书时间已经在我们可控制的范围内了，因为书已经写完出版。但是10人购买，还是10万人购买，每一次的购买都是对我们之前写书时间的重复购买，会直接影响我们的版税收入。

经济学上有边际成本的概念（新增收益带来的新增成本），写书便是边际成本几乎为零的买卖，而且一本好书的影响力可以跨越时间和空间，大家的购买也是建立在这本书的价值上。

链商时代，边际成本为零的买卖更是有着极大的可能性。如区块链世界中的Token可以极大地挖掘出我们自身的资产价值、能力价值、创造价值（前文中我们也早已见识到了NFT的造富神话），让我们在同等时间内多出各种各样的复利方式。

自己的眼界和思维模式要拓宽一些，我们不要只看到工作或事业上的串联，更是要看到价值并联的无限可能。这种并联可以如区块链一般分布式地、立体地组建起自己的能力系统、资源网络；也可以是跨界生长，让原本毫不相干的元素，在链商系统中互相渗透、融合，从而带给自己一个纵向的、新锐式的成长。

商业的价值传递

个人价值并联,可以让我们快速积累资源、资本,但没有商业化的运作变现,我们便无法实现自己的财富蓝图。今天我们的商业逻辑也变了。

互联网改变了信息不对等的问题,信息不再被区隔,那些以特殊渠道获得信息并获利的中间商被淘汰了。

物联网、AI解决了事物间不连接的问题,各种事物都可和人类互动,产品设计和功能由一刀切变成了定制化、个性化。

区块链解决了价值不对等的问题,它创造的是一个"价值互联网",分配方式不再依靠职位、时薪、奖金等,每个人创造的价值都能得到精准记录并随时兑现。

传统商业利用信息的不对称性一环吃一环,在产品的各个生产环节中,每个环节都会加价,然后再出货,即单向挣"差价"模式,上下游环节是一种"侵吞"关系,你挣得多我就挣得少,此消彼长,每个人也都尽量使自己利益最大化。

由于互联网的公共性和连接性,消费者早已有机会直接跟各种品牌方接触,消费者也变得越来越聪明和挑剔。

处于中间的你很难再赚到钱，此时你的回报便由"差价"变成了因你提供的价值决定，你的服务能力越强，就能吸引越多的人，得到越多的回报。而且未来基于区块链技术的普及，你能产生多少价值，能赚到多少钱都是公开、透明的，整个社会也会不断地向"平台+个人"的结构转变，你在一个平台上的价值越明显，回报就越多。

再比如营销。互联网产品营销已经走过了3个时代。

第1代，体验驱动产品，特别是移动互联网来临时，大家谈得最多的便是用户体验、用户交互、用得爽、用得好，很多人的心思也都放在界面设计、交互设计上，最典型的便是粉丝经济。

第2代，数据驱动产品，此时微信、美团、滴滴等巨头级应用已经产生，市面上很多产品交互、设计趋同，体验差已经不是那么明显。这时考验的便是数据能力了，拉新数据、留存数据，用户使用产品后是否愿意留下来，是否愿意持续使用你的产品，你做决策的依据都是数据驱动。

第3代，价值驱动产品，这个价值已经不单单是用户体验，更是在于产品所带来的价值，这个价值可以是功能、情感、审美甚至是氛围，比如现在火爆的短视频蹦迪带货，一群年轻人蹦蹦跳跳，在激情热闹的氛围中大家就高高兴兴地把东西买了，大家买的很大程度上不是东西，而是那种快乐活力四射的感觉。

  当然，今天哪一代都没有过时，只是价值更为举足轻重，而用户体验和数据本身就是价值的基础。

  所以，链商时代，我们要成为一个价值放大者。

  当产品或服务流经我们这里时，我们不是成为一个传统的阻隔，而是要将它们的价值放到最大，让大家必须从这里流通，然后付点"买路钱"。

  我们更要将自己的价值放大，颠覆自己的思维和逻辑，因为过去的共识、理论都已经发生了变化，新的创世运动正在开启。

强化技术意识

"天覆地载,物数号万,而事亦因之,曲成而不遗。岂人力也哉?"

人类历史上,生产要素和生产方式都是同一定的科学技术相结合的,未来的发展也一定会遵循这样的历史经验,技术所带来的商业趋势必然促进增长、创新和新一波开创性商业模式的诞生。

从拐点到元宇宙

当淘宝、京东还在"人找货"时,拼多多凭借社交网络,用推荐的方式,开启"货找人"的错位竞争,一时风头无两。然而势头很猛的拼多多没想到,自己最大的对手不是淘宝、京东,而是抖音、快手的主播们,更加彻底的"货找人"被直播带货完美演绎。直播带货不仅仅是"货找人",还从主播的内容营销出发,增强用户购物的愉悦感。

在不可逆的技术面前，我们最大的风险不是竞争风险，而是以我们没有预料到的方式或角度发动攻击的真正威胁。

那么，今天我们又面临着怎样不可逆的技术趋势呢？

2010年，人们提到华为会认为是"做手机的"。而2018年，随着孟晚舟事件的曝光，国外尤其是美国忌惮华为的国际领先之事被公之于世，人们才惊觉华为的强大，为民族企业感到自豪，越来越多人开始关注华为和科技圈，了解5G、AI、物联网等前沿技术。然后人们猛然意识到，技术的发展突破、创新和应用，逐渐形成了知行合一、良性的社会价值和商业核心。颠覆移动互联网时代的下一个拐点已经开启。

一方面，以中国网民数量增速趋缓为基础，流量红利的时代彻底结束，增量市场转变为存量市场，而企业的生存发展也遭遇诸多难题。

另一方面，以移动互联网为基础，互联网正在以前所未有的程度从虚拟世界融入社会发展的多个层面，并且推动了5G、大数据、AI、区块链等技术的进一步发展。

随后，仅仅才过了两三年，人们发现元宇宙来袭。

"元宇宙"（Metaverse）这个词源于科幻作家尼尔·斯蒂芬森的《雪崩》这一作品，它是一个脱胎于现实世界，又与现实世界平行、相互吸纳过，并且始终在线的虚拟世界。维基百科对它的描述是这样的：

> 通过虚拟增强的物理现实，呈现收敛性和物理持久性特征的，基于未来互联网，具有链接感知和共享特征的3D虚拟空间。

目前，元宇宙并没有完全公认的定义，一般来说，元宇宙指的是未来沉浸式网络，是比现在的互联网更加让人身临其境的 IT 基础设施，是 VR、AR、动作捕捉、3D 引擎、实时渲染、超高速网络、可穿戴设备、边缘计算、区块链等各项科学技术共同进步、相互促进和支撑实现的未来的愿景。

电影《头号玩家》里的世界便是元宇宙的一个典型代表：人们可以随时随地地切换身份，自由穿梭于现实世界和虚拟世界，在虚拟空间和时间节点所构成的元宇宙中学习、工作、交友、购物、旅游等。而这个建立在区块链之上的虚拟世界，通过去中心化平台让玩家享有所有权和自治权，并以沉浸式体验让虚拟进一步接近现实。

也许你会觉得"这不就是虚拟现实技术，是游戏嘛"，但是如果从技术和商业角度看，它并没有这么简单。

从技术角度看，它包括了内容系统、区块链系统、操作系统、AI 技术、显示技术、网络算力技术等，吸纳了信息革命、互联网革命 Web3.0、AI 革命、区块链革命等在内的技术革命成果，向我们展现了未来数字世界的可能性。

从商业角度看，一方面，它可以融合 DeFi、Token 等数字金融成果，这一切都将丰富数字经济转型模式；另一方面，它承载着未来人们消费观念、消费形式，乃至社会学、人文科学变革的可能性方向，会是商业运作的一个风向标，将创造超越当前存在的新商业。

当下，众多新技术也正在走出实验室。

比如 AI。受新冠肺炎疫情影响，消毒机器人、送药机器人、检测机器人、AI 药理、AI 基因分析等产品揭开了大量 AI 的真实需求场景。值得一提的是，AI 技术为抗击疫情赋能，其供应商并不是一个个孤立的个体，除了专业的 AI 技术提供商，阿里云、腾讯云、百度云也都开放 AI 能力，提供专项支持，免费进行资源配置。而这只是冰山一角，在全球智能产业中，从地面运输到航空探测，从家庭娱乐到工业生产，AI 应用已经覆盖相当广泛的领域。再比如前面提到的区块链应用场景。

未来已至，在这样的变革期，旧观念引领不了新方向，我们必须自我颠覆，自我革命。

颠覆，从来都是从意识开始的

很多时候，先进与落后的差别并不在于你是否购买了一批新机器或引进了一项新技术，而在于思维方式的转变。

第一，自我颠覆，看到趋势。

苏宁创始人张近东认为："优势，总是会被趋势替代。"只有看到趋势，才能知道方向在哪里。

那么，趋势是什么？

趋势就是技术！

趋势就是链商！

商业的创新源自技术的重大创新，从移动互联网到物联网，从云计算到AI，从大数据到区块链，几乎每一项伟大新技术的诞生都会引发一场商业地震，人们的生活和价值观受到影响，商业和全球经济格局也随之改变。所以要关注技术变迁，始终保持技术敏感性和洞察力。

未来10年，最大的商业价值就是创造一个链商系统，最大的个人价值就是成为一个有链接价值的人。

过去，很多人是这样做生意的：优先考虑产品能挣多少钱，平台能给多少曝光位或者导入多少流量。但是链商所有的产品最后都是服务,在链商系统中我们的企业不会再是一个独立的企业,而是会成为他人服务闭环里的一个承载者,或成为一个沟通渠道。

每一个链商,都会是纵观大局,躬身入局,主动拥抱技术和商业逻辑变化的企业;通过链商学习,自我认知能力、纠错能力、创新能力都将得以重建。就像很多人说的那样:成功会属于拥有两种特质的人——永不满足的学习者,永不停息的实干家!

总之,忽视技术,就是忽视一个时代,错过链商,就是错过一个时代。

第二,趋势运用,"虚实结合"。

谷歌将广告在线化,淘宝推出淘直播,新冠肺炎疫情期间线上办公被强力打开……"虚实结合"最直接的体现便是在线化,这不仅仅是对当前网络技术的运用,也是现实世界不断被映射到虚拟世界的表现。

纵观所有的商业行为,无一不是针对人们的需求,只是和以往不同,在线化提供了大量的用户行为数据,最了解用户的不是某个企业,而是大数据。所有关于用户购买或需求的数据都会成为商业世界最关键的信息源。

所以,我们思考的第一个应用方向便是在线化。

第二部分 链商系统

你的工作,你的交易,你的生产能够在多大程度上在线化?

基于什么样的技术、平台,你能更好地在线化?

第二个应用方向是数字化。积累下来的海量数据与对流程效率的不断追求,也在不停地加快各行各业的发展速度,数字化根本上是针对大量不确定性需求的精准匹配,关键在于将曾经的"因果关系"变成"相关关系",从数据出发,挖掘数据之间的相关性,从而提升数据价值。

"因果关系",即先有原因,再有结果,一直以来,我们都是通过因果关系认识世界的。

"相关关系",就是事物之间相互影响、相互制约、相互印证的关系,即相关性,这既是大数据最重要的核心思维,也是链商的基本思维模式。

数字之间的相关性一定程度上会取代我们原来的因果性,将其直接用于商业,新的方法论会形成,而它也是新时代入口的门票。

总而言之,只有在线化,才可以实现和海量用户的高效率、低成本地实时互动;也只有数字化,才可以将内部组织和外部供应链的流程变得透明而高效。

那么,蓝图有了,内在驱动力也已找到,技术意识也已具备,如何落地?借助链商平台。

借力并借道

"君子生非异也,善假于物也。"

风口不是追来的,它在我们的思考、洞察、专注和坚持中,它是我们从先驱者的启迪、碰撞、鞭策和成就中,"借"来的。

商业的新故事

原先我们做生意,只要占据好的渠道、好的地段就有竞争力。但是现在我们做生意,上平台、抢流量、用技术、讲布局……AI大火、云计算集中爆发、5G商用、区块链成抢跑赛道……所有新兴信号汇聚在一处,人们开始讲述商业的新故事:当今社会,依托信息技术,产品、信息、货币、用户早已打破了时空限制,流通越来越快速,整个社会不断地向"个人+平台"的结构转变,这里的"个人"有两个"代表"。

第二部分 链商系统

一是我们自己，我们将介入什么样的平台，在平台中会处于什么位置，我们能在平台中发挥多大的作用……我们是平台的重要一环，为平台带来价值。

二是用户，平台是我们的工具，我们依靠平台挖掘用户数据，创新营销，精准地将生产和消费对接起来，同时平台还会是技术应用的前沿阵地。

比如超市，消费者不仅可以通过线下传统门店购买，还可以通过线上购买；原来已经发展了二三十年的传统制造业，纷纷开始通过淘宝、京东、拼多多等线上平台建立旗舰店；一些教育机构通过开发线上课程，增加面向C端客户的触达机会……

从用户需求开始，到接受订单、寻求生产合作、采购原材料、共同进行产品设计、制订生产计划……整个环节早已通过信息技术链在一起，彼此相互关联，而信息可以通过平台传递，指示必要的生产步骤，从而确保最终的产品满足用户的特定需求。

除此之外，云计算平台、区块链平台等底层设施都在搭建中，将来企业可以通过端口接入平台，重构现行的商业沟通形式和商业价值，进而形成一个实时互动的网状关系结构。跨平台操作系统、新型数据库、在线数据开发、新型商业关系系统等都会是未来的趋势。

然而，知道趋势是一回事，运用趋势又是另一回事。时代风口的洞察和把握并非总是一帆风顺，AI、区块链、物联网等核心技术的应用只掌握在很少一部分先驱者的手中，更多的企业家特别是中小企业家还在时代聚光灯之外，以传统的方式默默耕耘。

我们曾深入全国各地，寻找真正驱动中国经济和社会向上生长的力量，发现很多中小企业很少得到主流投资界的认可，但是它们扎根产业、默默无闻、埋头奋斗、自我造血，贡献着城市主要的税收、就业和创新。这样的企业数量大、分布面广，但分散、弱小，普遍面临着融资难、资源受限、营销落后、同质化竞争等问题（见图3-1），急需得到更多的帮助和支持。

此时，怎么办？

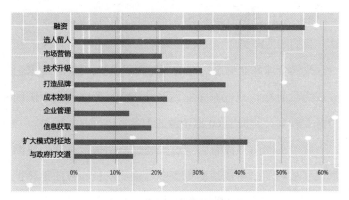

图3-1 中小企业面临的困难与问题

借力：借财力、借能力（专业、技术、管理、人才……）。

借道：借平台、借渠道、借流量……

商业思维改变：生态共享（建生态并融入生态）。

于是，我们成立链商社，就是要为这些人服务，发现和培养中国真正的下一代商业领袖、行业标杆，而这也会造就全新的商业故事……

链商平台借力借道

十几年来，我们将自身的资源和注意力不断地倾斜在中小企业身上。

我们的愿景是：

链商思想引领商业文明，关系重构幸福数亿家庭。

我们的使命是：

改善全球商业生态，推动人类文明进步；助推30家企业成为世界级行业冠军企业，助推300家企业成为中国细分行业冠军，助推3000家企业成为各省市行业冠军。

这条路此前并没有人走过。经过长期探索，我们逐渐形成了独特的，可以帮助更多中小企业成长的方法论和世界观——链商平台（见图3-2）。

03 链通逻辑——新系统思维塑造

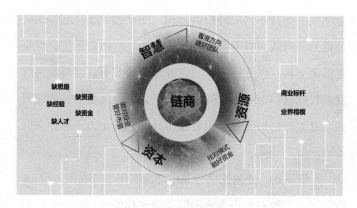

图3-2 链商：数字经济时代的超级商业引擎

智慧，改变思维和方法，给中小企业注入"内驱力"，加速中小企业成长。

资源，整合信息、技术、模式、资金及众多企业等资源，平台共享，模式创新，推进共赢。

资本，提供投融资指导，助力中小企业实现资本化。

中国共产党第十八次全国代表大会以来，相关部门一直在提倡"提高中小企业直接融资比重"，鼓励中小企业直接进入资本市场，以解决中小企业融资难、融资贵的老大难问题。

举个简单的例子。你有一个项目，但是没有资金，你当然可以找风险投资公司。如果对方一次投资能给你100万元，你的项目立刻就有了养分，可能马上就能发展起来。

但你也可能找不到风险投资公司，即便找到了，这些风险投资公司可能会嫌弃你的项目太小，让你融资无门。但是在链商平台，你依托平台的资源和资金，通过众筹或借贷就能轻松获得100万元的投资，而且平台上都是与你志同道合之人，他们更是可以有钱出钱，有力出力，与你共同发展。

不仅如此，链商社以智慧化、资本化、智业化为核心，搭建了一个针对中小企业的链商商业模型（1+3），即链商社核心业务（见图3-3）。

图3-3 链商商业模型（1+3）

链商商业模型涵盖商业模式、投融资、营销等多项服务，并深度融合商业或人生关系、技术创新以及大数据与生态资源的新服务模式，帮助中小企业完成蜕变，实现认知、资源、资本全方位加速，从而引领中小企业就地升级。

今天早已不是单打独斗的个人英雄主义时代，就像习近平主席在亚太经合组织领导人非正式会议上的重要讲话中指出的那样："全球数字经济是开放和紧密相连的整体，合作共赢是唯一正道，封闭排他、对立分裂只会走进死胡同。""加强数字基础设施建设，促进新技术传播和运用，努力构建开放、公平、非歧视的数字营商环境。"㊀ 所以链商一定是懂得借力、借道的。

通过这一章内容，我们搭建了链通逻辑，相当于已在自己的大脑内建设了一个思维、认识的基础设施，接下来便是进行能力升级，绽放出属于链商的风采。

㊀ 本部分内容摘自中华人民共和国中央人民政府网。网址：http://www.gov.cn/xinwen/2021-07/16/content_5625530.htm。

04
链力模型
——能力互联法则

新能力商数

"能一能十,非才之美者也。能百能千而不厌不倦,其才不可及已。"

具有一种或者十种才能,并不是完美的才能;具有百种甚至千种才能,却还不知疲倦地学习,这种人的才能将无人比得上。那么,今天我们要学习什么?学习成功的能力要素——CQ。

能力 13 商

其实链商的价值可以从两个方面来衡量,一个是平台赋予的能力,一个是个人能力。

个人能力从何而来?

个人的能力要素包括以下 12 商数。

智商(Intelligence Quotient,IQ),它是衡量一个人智力高低的重要指标,但也可以用来表现一个人对知识的掌握程度,反映洞察力、思维力、想象力、创造力,以及分析问题和解决问题的能力。虽然智商有着智力指数一说,但它不是决定一个人能力或成功的主要因素,后天的学习和努力可以对它进行提升和弥补。

情商(Emotional Quotient, EQ),是管理自我情绪和处理人际关系的能力。自我情绪和人际关系的重要性不言而喻,人的情绪很容易受到环境影响,怎么控制自我情绪,不让自己被周围的事物、环境左右,对能力的发挥至关重要;而人际关系就是人脉,在现在的社会,事物的关联性越来越复杂,任何事情都不可能独立存在或与其他事情呈简单的因果关系,因此心态和人脉对我们的能力和综合实力起重要作用。

逆商(Adversity Quotient, AQ),是承受挫折和失败的能力。人的一生,顺境和逆境、成功和失败不断更迭,什么情况都有可能发生。遭遇挫折,在逆境中改变,把压力变成动力,更能显示出我们的能力和综合素质。

德商(Moral Quotient, MQ),是一个人的道德水平和人格品质,它包含尊重、宽容、诚实、负责、忠诚等各种美德,是一个人被他人、社会接受和认可的关键。古人也早已指出"得道多助,失道寡助",一个人的能力再强,如果没有道德、公德,对社会没有促进和贡献又有什么意义!

第二部分
链商系统

心商（Mental Quotient，MQ），是维持心理健康、保持良好心理状况和活力的能力，是一种自我调节的能力。当今社会，许多人都背负了巨大的压力和责任，一些人心态失衡或心理阴暗。保持良好心态，使自己不受诱惑和影响，很大程度上都需要靠自我的控制和调节。

灵商（Spiritual Quotient，SQ），就是对事物本质的灵感、顿悟能力和直觉思维能力。我们时常评价一个人说他有灵性，或者说这个人头脑灵活、想象力丰富、思维敏捷等，这些都是灵商的表现。灵商由一个人的性格、所处环境及知识经验决定，是自身所有能力运用的综合体现，是一种素质境界。

志商（Will Quotient，WQ），就是意志水平，包括坚韧性、果断性、目的性、自制力等方面。"志当存高远""有志者事竟成"，有志向和目标，并为之锲而不舍地努力，自身的能力和素质才能提升得更快。

健商（Health Quotient，HQ），是健康意识、健康知识及健康能力的反映。良好的健康意识，是好的生活习惯的一部分，好的生活习惯和健康的体魄是做好一切事情的基础，它对我们的能力和素质提升也很重要。

财商（Financial Quotient，FQ），是创造和管理财富的能力。我们能力的体现和提高，要尝试做些事情，肯定有着诸多的先决条件，比如很现实的资金，想法再多没有资金也会无计可施，但当我们有足够的资金可周转，我们便可更大限度地实现自己的想法。

胆商（Daring Quotient，DQ），是胆量、胆识、胆略的度量，是一种魄力和气度的体现。超人的能力，肯定要匹配超人的魄力、气度和胆识，而非一味蛮干。胆商还体现为要有勇于作为的精神，敢于尝试新事物，机遇和能力会在尝试中得到强化。

美商（Beauty Quotient，BQ），是我们对自身形象的关注程度，是对美学和美感的理解能力，甚至包括在社交中的服饰、仪态、言行等，体现着我们的品位、修养及素养，在自我营销过程中它会是我们制胜的重要一环。

爱商（Love Quotient，LQ），是处理爱情、亲情、友情等情感的能力。是的，爱不仅是一种本能，也是一种能力，它体现着我们对爱本质的了解程度，也检验着我们是否能够正确地接受和表达爱。

一个人能力和综合素质的形成、提升或达到一定境界，是一个复杂的过程，需要各个能力要素共同推进。各要素并非独立存在，它们起着不同作用，但彼此协同，交互影响。如爱商与智商、情商、财商组成了当代人追求幸福的四大重要能力，智商、情商、逆商是当代职场的必备组

第二部分 链商系统

合……但是不论什么时代，真正改变的就是一种能力——连接的能力，连接各个要素，综合性地提升和强化。

蒸汽机颠覆了我们在物理空间上的移动速度，电流、电话、电报等颠覆了我们信息交换的速度，让人与人之间、商业与商业之间的连接更加便利、高效；计算机带来的互联网、云计算、大数据、AI、轨道卫星、信息高速公路、5G等，更是彻底颠覆了我们的生活方式和商业模式，特别是区块链，它将全人类"链接"在一起，我们也将由"连接"进入"链接"时代，在这样的技术浪潮和时代背景下，我们所要与之匹配的能力也将更综合、更多元。

所以，今天我们也当以全新的眼光来看待我们的能力要素，重新构建我们的能力系统，不管是哪种特质，都会是一种链接，好似技术与技术、平台与平台那般。将自身的能力要素进行"全链接"，对其进行挖掘、开发的便是CQ（见图4-1），CQ有两层含义。

CQ是一种全新的、综合性的能力商数，是各个能力要素的"神经网络"，可将个人能力要素全方位地进行链接，是一个人持续成功的充分必要条件。

CQ是一种链通关系的商数，在复杂多变的数字经济时代，它是洞察和处理各种关系，提升链接、整合、变现各种资源能力的一种重要的竞争力。

04 链力模型——能力互联法则

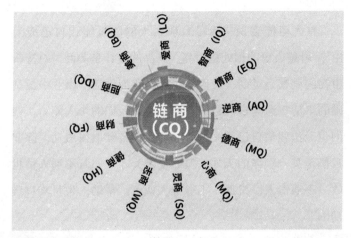

图4-1 能力13商

未来成功的真相

我们先看 CQ 的第一层含义。

链商时代，是一个经济丰饶、个体崛起的时代，社群、朋友圈、短视频、直播……人人可以发声，人人可以表达自己的个性，甚至把自己变成 IP。

乔布斯绝对是个人 IP 的代表，有人敬佩他专注的态度，有人欣赏他极简的设计，有人沉迷他演讲的魅力，有人惊叹他的商业洞察力和敏感性……如果仔细分析，这何尝不是他的情商、美商、智商、灵商等立体、多彩的呈现？

有人可能会说"我没有那么大的能量能让自己成为IP"，可是人事的相处是情商，产品的设计是美商，对待新事物的洞察是灵商……这些无不是我们生活、事业中最基础的事情，这些事情也综合地考验着我们的个人能力。我们也无法凭借自己某一方面的能力来持续取得成功，除非我们是某一领域的天才。但即便是天才，如若不通人情世故，不遇贵人、机遇，不得他人认可、帮助，也是难以成功的。

在链商系统中，个人IP不等于名人，也可以是他人对我们的印象，他人对我们为人处世的认可，他人对我们的信任……它是我们综合素质的一个体现，是我们价值的一种展现。而且在个人创造和个人价值方面，区块链和Token已经为我们搭建好了舞台雏形，人人都将有更多的渠道实现自己的价值，活出自由富足的人生。

因此，CQ是一种符合时代需求的全新的能力要素，我们要做的便是挖掘出自身的CQ，链通各个能力要素，努力让自己成为"多重潜能者"，更快更好地成就自己的人生。

我们再看CQ的另一层含义。

04 链力模型——能力互联法则

链商时代人是什么？

从信息角度来说，人其实就是一个信息接受、储存、处理和输出的"超级计算机"；从数据角度来说，人就是一个产生数据、接收数据、提取数据、运用数据的"超级数据库"。

我们生活在一个强大的、基于技术的、人和物链接的系统中。

一方面，在这个系统中，新思想、新想象、新发现、新借鉴层出不穷。

另一方面，我们与这个系统的连接越强大、越细致、越顺畅，其发展的潜力就会越大。

此时，我们需要具备的是什么样的能力特质？链接、融合、变现的特质，而这便是 CQ 作为关系商数为我们带来的新能力特质。

第一，链接特质。

链接超越了连接。链接特质是链商的基础特质。

从个体来看，一方面，人本身具备系统性和连接性，只有人的头脑、精神、心灵和身体的系统发展和相互关联，才能成就一个健康、成功的人。所以我们无法忽视自身内部的连接和贯通。另一方面，我们的成长是从自然人到社会人的过程,如若缺少外部的连接,常常是脆弱和单薄的,因此人的社群交往和外部连接尤为重要。

其实人类社会的发展也遵循连接的规律。茹毛饮血的原始社会,没有大规模的社群联系和迁移,大家严守方寸之地,社会生产力十分落后;之后人类开始迁移,发明开始出现,每一次技术革命都让人类进一步相互连接、密切联系,人类社会不断进步,特别是互联网的出现让人类进入前所未有的连接状态,连接已经融入生活、工作;未来区块链将进一步变革人的连接方式,我们的信誉、资产、创造、价值等都将被链接。在这样的时代大势中,链接得越紧密,生命力就越强。

第二,融合特质。

融合既包含了整合,又超越了整合。整合是把零散的东西彼此衔接,实现信息系统的资源共享和协同工作,从而形成有价值、有效率的一个整体;融合是在整合的基础上,让不同个体或不同群体在有了一定的碰撞或接触之后,提升认知、加深共识,最终融为一体。这是链商最重要的特质。

比如,当面对与自己的专业、专长不太相关的领域,用自己擅长的方式来解决问题时,成为链商的我们早已开始借鉴各种可能、观念、做法，融合资本、资源、平台、人才，并结合自己的资本、资源、经验，研究出别具创意的解决方案。

融合特质的修炼是一个过程，需要我们学习、适应并有大局思维。

学习性，即要求我们能够迅速掌握各种概念与技能，并融会贯通。

在自己已经精通的每个领域，相信自己有能力理解和吸收新事物。

对自己着迷的事充满热情，愿意花费时间和精力去研究并全身心投入新活动中。

除了个人魅力、能力之外，愿意尝试新事物更是个人取得成功和受欢迎的原因之一。

适应性，便是在许多情景和角色下都能安之若素，从而让自己成为不可或缺的存在。

在新事物、新技术的冲击中临危不乱。

在快速且新常态经济环境下随机应变。

在各种活动、场景之间灵活转换。

大局思维，当一般人还在试着了解世界的不同面向时，我们就已经开始洞悉不同事物之间是如何产生关联，如何相互作用的。广阔的视野不仅能够让我们发现系统性问题，而且能够让我们将这种关联、相互作用的原理投射到自己的身上，联合、联动自身的能力要素，进而持续保持领先。

第三，变现特质。

变现，不是简单地转化成现金，而是转化成资产、资本，它是链商的终极目标，是每一个链商的"潜意识"。

资本化、资源化前文已经阐述过，这里不再赘述，需要强调一点，在当今时代，除了产品、服务、用户、流量、技术、创意、知识，乃至声音、个人形象、兴趣爱好等都可以通过一定的形式，实现资本化、资源化，从而实现财富的可持续增长。

简而言之，CQ 会是我们最重要的能力要素，也是未来成功的关键商数，它会成为我们能力系统的底层架构，推动我们能力的提升。

那么，CQ 具体会给我们带来什么能力，或者说基于它我们应该构建一个什么样的能力系统？

"1+4"能力系统

"能力永远和它的发挥有关。不论这种发挥是现实的或是很可能会实现的。"

商业变革发生在每时每刻,除了拥抱技术和商业逻辑的变化,我们自身能力也需要进行一次变革。

能力的范式革命

苹果曾经的绝境重生,来自一个重要的用户洞察。乔布斯发现,美国的年轻人在购买唱片时,仅仅只是想要为其中的一两首歌花钱,但是不得不为整张唱片付费。对此,第一款 iPod 音乐播放器和 iTunes 网上音乐商店,为用户提供一首歌曲 0.99 美元的音乐合法下载服务。

这种模式,是基于对终端内容服务市场巨大商业潜力的洞察。

2010 年 iPhone 4 在中国一举成名,令无数国内消费者疯狂，至此苹果成为"跨界打劫"的经典案例。其实早在2005～2006年，乔布斯就洞察到智能手机时代即将到来，使苹果公司凭借其软件及操作系统研发技术成功地从IT行业跨界到智能手机行业，又经过几年的专注和产品迭代，苹果手机在2010年爆火。

这种产品创新，是对不可逆技术应用趋势做出的敏捷反应。

苹果公司从最早的软件设计开发到iPod再到iPhone的跨界，从苹果系统到网上音乐商店再到苹果商店，是对整个企业内部的技术、平台的协同。用户不管是通过苹果电脑还是苹果手机，皆可在苹果系统中实现内外部信息传递、流动、共享。

所以，今天我们个人、企业的成功更大程度地取决于我们的洞察力、敏捷力、协同力和专注力。

时代的巨轮滚滚向前，我们从互联网经济走向了数字经济，这不是简单的名词替换，而是一场范式革命。

"范式"一词源自库恩的《科学革命的结构》，它界定了什么应该被研究、什么问题应该被提出、如何对问题进行质疑，以及在解释我们获得的答案时该遵循什么样的规则。

今天，我们面临的范式革命就是数字经济。

数字成为关键生产要素并改变着生产方式。

数字经济依靠相关技术手段促进匹配度更高的供需关系的形成，B2C到C2B已经成为范式。

在区块链、AI、大数据、物联网、云计算等新技术的引领下，数字经济逐渐融合企业和个体市场的功能，在调配资源、协调企业等方面发挥的作用越发明显。

面对这样的数字浪潮，很多过去的方法、经验似乎都在失效，很多企业感到措手不及，"创新者窘境""战略迷茫"成为常态，他们想要加快数字化转型却无从下手，企业过去的核心竞争力——专利技术、组织运营、产品性能等都遭受严峻的挑战。

每个人、每个企业也都在关注和重新审视自身的核心竞争力。当今企业的核心竞争力是什么？该如何构建核心竞争力以应对数字经济新挑战？在寻找这些问题答案的过程中，我们逐渐发现，在以信息技术为核心的新技术应用过程中正在形成一种新的动力——信息力。

信息力是在信息技术与实体经济以前所未有的广度和深度的融合下，以数字信息为生产要素，驱动人类向数字化、智能化发展的动力，它为数字经济带来指数级增长的同时，永久地改变着物质世界的运转方式和运转特性。

信息力在企业中的主导地位主要表现在通过对信息的及时获取、有效控制和高效利用而产生的对个人、企业力量的整合力，对企业运营时空的控制力上，在这个过程中工作流、信息流、用户流、内部管理、外部机遇均产生相互作用，吞吐出新的效率和利润。

对信息力的掌握和应用，考验的是我们获取信息的速度，把握市场的力度，传递信息的精度，以及对有效信息的专注程度，这些无不需要我们的敏捷力、洞察力、协同力和专注力。

所以，今天，我们链商也需要一场能力范式革命——构建"1+4"能力系统（见图4-2）。

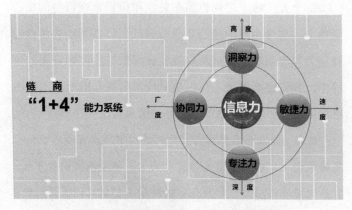

图4-2 数字经济时代个人和企业的核心竞争力

以信息力为核心，挖掘自身能力要素，衍化出洞察力、敏捷力、专注力和协同力，在高度、速度、深度、广度上实现对信息力的构建。

洞察力，是我们个人、企业基于数据、技术的分析而获得的对信息的判断能力和对未来的预见能力。比如基于大数据分析，帮助企业进行预测、决策，感受用户行为、市场环境变化，进而洞悉市场演进趋势，把握商机。

敏捷力，是我们个人、企业为适应市场不断变化的需求而进行快速迭代并交付的能力。比如快速迭代、跨界创新、商业生态建设等已经成为互联网公司的开发热点，是信息力动态性驱动下的个人、企业的自我探索、更新、创新。

专注力，是我们个人、企业在对海量信息投入足够的专注，做出深度甄别后快速落地的能力。比如洞察某一市场重要信息后，把产品、服务做到极致、做到品类第一。互联网时代信息消费的是我们的专注力，信息越多越不专注，我们也只有投入了专注，才能集中精力认知事物、思考问题、综合统筹。

协同力，是我们个人、企业在数字化运作过程中将内外部信息通过各种渠道进行高效传递、流通和共享，从而形成的跨用户、商户触点的渠道整合和接入能力。比如，商业生态系统覆盖社交、购物、娱乐，用户可以在各个触点之间随时切换，各渠道之间服务信息互通、互补、共享,行业边界被打破。

其实这"四力"的联动就是我们链接、融合、变现特质的综合体现,从而让信息力更具有落地性、穿透力和爆发力!

对任何一个链商而言,信息力的强弱和方向都是由洞察力、敏捷力、专注力、协同力合力决定的,它们在高度、速度、深度、广度上对信息力进行"四维"构建,彼此之间相互作用、相互影响,结合信息力成为我们在这个时代最重要的核心竞争力。

信息力驱动

信息力与我们个人能力和企业其他核心能力有着很大的不同,它是数字经济时代特有的一种新能力,具备高度动态性、交融性以及自我演进的能力,从而能够帮助企业构建新的商业模式和生态系统,实现数字化转型,保持或形成新的竞争优势。

因此信息力的驱动有着特殊性:需要技术层—能力层—价值层的层层推进。这也会是我们企业的数字化路径(见图4-3)。

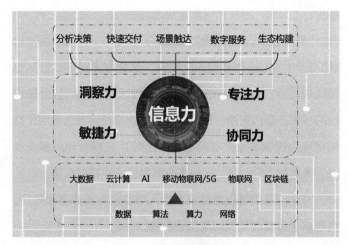

图4-3 信息力的驱动方式

第一，技术层。

信息力与技术紧密融合，数据、算法、算力、网络会是信息力的"燃料包"。

数字经济时代，数据就是原始材料，是资源，是生产要素，数字化就是在信息化的基础上把业务转化为数据，并以数据驱动业务发展。

算法和算力是处理数据的技术，体现了对数据资源的利用水平，还可以驱动业务流程，让企业运营更加智能化、高效化，并开创新的业务模式。

网络是基础设施，是数据生存的土壤，也是推动企业数字化、平台化、智能化的原始动力。

"燃料包"的能量和威力带来了新技术，如大数据、云计算、AI、5G、物联网、区块链，这是技术层的核心，也是传统产业全面数字化转型升级的技术关键，它们会像曾经的马车、蒸汽火车一样拉动经济快速增长，并为数字化转型赋能。比如谷歌、亚马逊、BAT等互联网公司，都正以AI、大数据、云计算、区块链等前沿技术颠覆旧秩序。

因此，我们可以通过技术植入提高企业的数字化程度，构建信息力的底层架构或基础设施。

第二，能力层。

技术层能够汇聚巨大能量，而释放这样的能量，要通过真正意义上的信息力。事实上，信息力就是一个中间能力层，是数字化引擎，它通过我们的洞察力、敏捷力、专注力和协同力，发现、运用新技术，同时也借由这"四力"聚合成强大的信息力，创造价值。

这一层面，洞察力、敏捷力、专注力、协同力又有着各自的构建途径。

洞察力构建，借用云计算、大数据、AI等技术，我们可以建造用来解析未来市场的"望远镜""显微镜"，依托数据准确洞察市场痛点以及市场环境变化。

敏捷力构建，借助云计算服务、大数据服务、平台化技术架构，以及更具弹性的开放式软件开发模式，我们可以提高产品的技术含量，缩短产品和服务的迭代周期，推行弹性试错机制等，让企业的运营更加灵活、高效，紧跟市场需求。

专注力构建，专注于有效信息，借助大数据、大数据分析技术及市场信息反馈情况，做出理性判断、统筹和规划，而不是急急忙忙展开新业务、探索新领域。而一旦确定方向，便要专注于所规划的事，一路往下，"不以物喜，不以己悲"，努力把事情做到极致，确保在正确的时间专注于正确的事情。

协同力构建，改进企业内外部信息连接、传递方式，不仅改善企业的流程、管理模式、业务模式，而且通过技术的力量，比如建立软件平台，将产品、服务触角融入各种消费场景中，从而打破原有的边界，为用户创造更大的价值空间。

这"四力"相互组合和演化，便能真正爆发出信息力的威力，甚至重构企业的结构和生态。中国互联网企业的业务创新和模式迭代正是信息力演化的力证。

第三，价值层。

价值层则是信息力带给我们的真正作用和意义所在，

第二部分
链商系统

源于信息力对价值的创造，体现在分析决策、快速交付、场景触达、数字服务、生态构建等方面。简而言之，信息力的价值主要体现在技术创新与商业创新的交融与匹配上，信息力以数字化转型为推手，通过技术创新和成果转化，实现商业创新，提高供给侧产品与服务的质量和水平，并成为社会变革的决定性力量。

马克斯威尔·马尔兹曾说："创造一个更佳的自我意象并不是创造了新的能力、才能、力量，而只是解除它们的束缚，使它们发挥作用。""1+4"能力系统便是我们解除束缚的利器。未来大量的技术创新会不断地出现，它们会如积木一般以越来越出色和匪夷所思的方式重组在一起，构建更加新颖、可持续发展的商业模式。但是不管如何，技术—能力—价值这样的演进路径是不会改变的。身为链商，我们要懂得运用这样的能力系统和驱动方式，促进自身的升级，促进企业的升级。

数字无边界跨越

"不可去名上理会。须求其所以然。"

数字经济时代,知道事物什么样,只是有经验的人;知道事物为什么会这样,只是聪明的人;知道事物怎样变得更好,才是有才能的人。

一场"新牌局"

谁也没有想到,有一天京东会和养殖扯上关系。

2018年,京东数科的内部大奖颁给了智能养殖这一项目。智能养殖基于京东数科 AI 系统的"猪脸识别"算法,能够快速关联某只猪的生长信息、免疫信息、实时身体情况等,可以在第一时间发现异常并及时通知饲养员。

其实仔细想想,这种选择虽在意料之外也在情理之中,表面看这只是一个跨界操作,实际却意味着京东数科正从一个金融科技公司蜕变成一个深入行业的数字科技公司,京东金融品牌也正式升级为京东数字科技。

从 AI 到云计算，从大数据到区块链技术，除了京东、腾讯下场，阿里升级，美团大变阵……一场数字科技的无边界战争正在上演。

这一切有迹可循。

据中国信息通信研究院发布的《中国数字经济发展白皮书》数据显示，我国数字经济总体规模已从 2005 年的 2.62 万亿元增长至 2020 年的 39.2 万亿元，数字经济总体规模占 GDP 的比重也从 2005 年的 14.2% 提升至 2020 年的 38.6%。

据预测，至 2030 年，中国数字经济有望突破 150 万亿元大关，实现与经济社会环境多个领域的全面融合，数字经济占 GDP 比重有望达到 80% 左右。届时，中国将全面进入数字社会。

数字化转型成为国家创新发展的关键形式和重要方向。步入数字时代，各国也纷纷制定相关的国家战略，数字经济战略、数字议程、数字化战略、ICT 发展战略等方兴未艾。在探索和实践的过程中，国家、行业、科研机构之间紧密合作，边界逐渐打开。

现实生活中，移动支付、可穿戴设备、3D 打印技术……数字技术能量持续释放，社会网络化、信息数字化、交互实时化都在成为现实,成为我们真实而普遍的生存方式,数字技术更是几乎渗透到社会所有的领域,包括政治、经济、文化、医疗、金融、农业、能源、城市管理等各个行业。数字化释放出的巨大的想象力与创造力,正在重塑人类社会未来,对人类社会生产结构产生深刻影响。

于是,互联网公司借助数字科技打破既有的藩篱。在新一轮的数字趋势面前,各家纷纷掉转船头,快速跟进,一场新牌局已然形成。

那么,这和我们有什么关系呢?

越大的生意中,往往蕴藏着最为本质的道理。

数字打破边界,其本质是通过技术降低成本和提高效率,一旦数字科技产品和服务在某一个领域成功实践,便可迅速、大规模复制到其他领域。

在数字科技的加持下,更多的行业模式近乎一组数据的排列组合,行业固有的边界和壁垒逐渐被打破,而技术上的优势会成为大家赖以生存、崛起的新边界。

不难看出,在数字经济时代,行业的壁垒将会被大大降低,数字技术也不仅仅是对老方式的颠覆,更是对整个行业的重塑和提升。

同时,不断涌现的以数字技术创新为驱动的公司,正在利用其领先的技术能力,突破行业边界,成为行业的颠覆者和搅局者，挑战传统企业经营者的神经：要么融入数字化世界，要么等待着被时代淘汰。就像王兴在《财经》的一次访谈中说到的那样："万物其实是没有简单边界的，所以我不认为要给自己设限。"

那么如何实现数字无边界跨越？

数字化在敲门

国际知名咨询公司埃森哲曾提出"数字融合市场"的概念：数字化正在重新定义行业边界，数字化促生新型市场生态和行业融合。埃森哲认为，中国作为全球数字化程度最高的国家之一，中国消费者的数字生活方式使得这一市场呈现出巨大的机遇。

在埃森哲《数字融合市场》的调研报告中，受访的中国企业高管中有87%都在考虑未来5年通过行业跨界寻找新的市场契机，这有别于美国市场的情况，受访的美国企业高管中有68%关注继续发展现有业务。在GDP增速放缓之后，中国企业家普遍认为自身行业难做，抱着寻求多元化发展的思路开始探索其他行业的发展机会，同时技术的进步降低了跨界发展的成本和难度，让他们更愿意尝试新的发展机遇,并认为数字化能力是实现跨行业发展的成功关键。

《2021埃森哲中国企业数字转型指数研究报告》显示,在经历了全球经济和新冠肺炎疫情变化后,中国企业数字化转型成熟度稳步提升,转型成效显著的领军企业营收增速达到其他企业的4倍,报告称,一系列基于数字能力的新产品、新模式为后疫情时代的中国经济复苏注入了强劲动力,也为后疫情时代的企业发展提供了新思路、新路径。中国企业已进入数字化转型的关键时期。

消费者对新产品、新服务、新体验的需求推动了这场数字化变革。

数字技术应用呈现指数级增长,成本却在不断下降,这让企业迎来技术创新和商业创新的大爆发。

未来商业的无边界特点已然显现。

产业由消费直接驱动,资源、要素、运营都是围绕不断变化的需求动态组合,市场需求的多元和变化导致产业边界的不确定性。

数字技术的发展、应用,使各大行业深深融入相关产业,并不断衍生出新产业。

与传统产业边际成本递增、边际效益递减不同,依托数字技术,产业正在呈现边际成本递减、边际效益递增的新经济规律。

由于终端消费者消费习惯、方式的改变，以及数字科技革命的到来，流量流向、资金流向、信息流向均发生了改变，这种变化一环扣一环地向整个产业链渗透，影响每一个B2C企业和B2B企业，甚至上游的资源企业，乃至完全无关的企业。在这样的大势面前，你的企业想要发展，就要去调整和适应。

所以，企业要依靠新技术在跨界市场中寻求机遇，要学会借助数字技术的力量实现数字化，以数字能力和新商业模式开辟新的增长路径。

传统企业数字化任重而道远

关于企业数字化转型，不同行业给出了不同的诠释。

传统金融行业的数字化转型表现在用户、货币、产品、营销和服务的数字化，是构筑数字化金融平台，满足用户个性化金融需求。

零售行业的数字化着眼于线上线下的融合，利用ICT打通商品的供应、仓储、物流，以及消费等各个环节，构建全渠道业务模式。

工业企业的数字化核心是决策应变,衡量标准是变化发生到制定有效对策的时间,终极目标是用户体验,工业企业数字化转型是建立一个能实时感知变化、实时分析变化、实时制定有效决策并能将决策自动执行的数字化平台。

…………

如何抓住窗口期,驶入数字经济快车道,加速实现转型成为中国企业的首要关注点。然而一些企业,特别是中小型企业面临不少难点,转型缓慢。我们曾与多家企业的高管进行深度探讨,发现中小企业在数字化转型中普遍面临以下三大挑战。

第一,战略缺位,转型没有方向。

很多企业都已经清楚地意识到数字化转型的重要性,但是未来竞争的着力点在于发现与之匹配的商业模式。有的企业迫于时代趋势,盲目式、孤岛式部署数字化,难以真正在数字化中创造价值;有的企业数字化战略和业务发展是"面子一套,里子一套",数字化部署方向存在偏差,难以与业务发展产生关联;有的企业数字化转型难以跨业务领域拓展,难以形成合力在全企业中进行落实;有的则是完全没有意识和方向,在战略层面依旧坚持老一套做法,也缺乏数字化渠道和技术。

第二,能力缺乏,数字化难以深入。

数字化是企业的一种数字能力,包括驾驭数据的商业价值、洞察消费需求、创造最佳体验,这就要求企业敏捷应对、高效运营并持续创新,然而,不少企业还十分缺乏数字化人才,数字能力系统的重构难以为继。

另外企业系统老旧,流程冗杂,制度传统,如果只是在这样的基础上进行修补式技术植入,往往会无法兼容,但是推倒重建又容易让企业经营伤筋动骨。因此数字化部署和建设大多停留在试点阶段,企业浅尝辄止不敢深入,由于存在诸多阻碍因素,试点项目也难以快速复制、推广,不能形成全企业全场景的数字化规模效应。

第三,价值难现,投入无法持续。

数字化转型涉及的是全企业、全业务、跨职能乃至跨行业的系统改革工程,企业只有全面合理部署,系统靶向深入,才能最大限度化解和释放数字价值,这会是一个见效慢、周期长的过程。但是往往有些企业急于求成,用传统的各种绩效指标来衡量转型效果,而不是建立与部署和计划配套的、具有针对性的评估体系,于是短期内看到的便是数字化失灵,数字化价值被质疑,进而无法持续或频繁更改数字部署,形成恶性循环。

人类文明进程的每一次重大飞跃，都是对固有边界的突破。我们通过发现边界与定义边界，将未知转化为已知，又通过对边界的突破，对未来进一步探索，推动文明进程。我们希望每一个企业都看到这样一个清晰的趋势，也明确自身问题所在，在进行数字化转型时更具方向性。而企业想要依靠数字化在跨界市场中纵横驰骋，必须学会数字洞察、技术敏锐，并借力借道建立数字合作，也就是我们下一章将要讲到的链圈构建。

05
链圈构建
——新物种的奇袭

业态新模式

"万变不离其宗。"

"宗"是什么？是合乎道理的、合乎趋势的，并是可感知的、可应用的，从而让我们在这个丰富多彩、千变万化的时代中，有迹可循，有路可走。

技术开源和产业开放的启示

习近平主席曾在亚太经合组织领导人非正式会议上的重要讲话中指出："加强数字基础设施建设，促进新技术传播和运用，努力构建开放、公平、非歧视的数字营商环境。"[一]

今天我们处于什么样的数字营商环境中呢？

[一] 本部分内容摘自中华人民共和国中央人民政府网。网址：http://www.gov.cn/xinwen/2021-07/16/content_5625530.htm。

1. 开源——数字技术开发和创新模式

开源，全称为开放源代码，源起于软件。开源软件是指任何人都可以被授权自由使用、复制、传播和改动的软件，并且源代码是开放共享的，重点在于接纳、包容和发展，求同存异、互利共赢。其运作方式如下。

个人或企业将源代码二次开发利用，贡献开源种子项目。

开源基金或组织托管开源项目，受理贡献的开源种子项目的知识产权并组织项目运营、协作开发和共享使用。

比如腾讯的 Behaviac，是游戏 AI 的开发框架组件，也是游戏原型的快速设计工具；Wepy，是小程序支持组件化开发框架，通过预编译手段让开发者可以选择自己喜欢的开发风格去开发小程序……腾讯通过"三步走"——内部开源协同、外部代码开放、社区开放治理，早已使开源进入了快节奏，并有发起者、贡献者两种不同的开源参与方式，同时成立开源项目管理委员会，覆盖微信、腾讯云、腾讯游戏、腾讯 AI、腾讯安全等相关领域。

开源发展到今天，已经成为软件和网络，特别是数字技术的鲜明特点，是数字领域的一种开发和创新模式。据统计，全球 97% 的软件开发者和 99% 的企业使用开源软件，全球 70% 以上的新立项项目采用开源模式。开源技术已经跨越软件开放应用，结合云计算、大数据、AI、区块链等新兴技术,向传统制造、新型制造、绿色环保、医疗卫生等领域拓展。

比如汽车制造,美国洛克汽车公司推出世界上第一款开源设计汽车拉力战士(Rally Fighter),其社区内成员通过共同努力,在 18 个月内完成全新量产车设计,比传统汽车设计周期快约 4 倍。这家公司还经营着全球最大的汽车世界交流社区,每个人都可以递交自己的设计方案,公开投票被选中的方案将获得生产的机会,而方案的源代码也会随之公布,供所有人下载。

世界上很多大企业都在深耕开源体系,即使那些有强大闭源软件的企业,也越来越多地参与到开源体系之中。随着数字技术的普及,未来开源也将涉及、惠及每一个企业。

2. 开放——未来产业主导模式

20 世纪 80 年代到 21 世纪前 10 年,全球产业分工主要发生在制造领域。如今新兴技术及相关开源技术迅速发展,从信息到设备,从服务到产品,从生产到组织,从企业到产业,在技术缔造的新时空中形成新的生产方式和生产关系。

以服务业为例。传统服务业是典型的当地化产业,以往都只能在现场消费。但是随着网络和数字技术的发展,服务不仅可以被远程提供,如网络音乐会、在线教育、在线医疗，同时也将更加开放，组合成"业态联盟"。数字化生产者服务平台汇集巨量的生产服务提供商和使用者，智能匹配供需双方甚至多方，极大提升服务效率和品质。比如，小红书汇聚美妆、美食、旅游、健身等内容，打造了年轻人的生活方式平台。

可以预见，以开源技术和数字化平台为依托，产业分工体系将更紧密高效，分工链条将更长更广。

那么，这样的数字营商环境对我们有什么启示？

不管是数字时代万物互联，还是元宇宙虚实融合，"链接"成为重要的基础，不管你愿不愿意，你都在主动或被动地链接着技术、平台、数据乃至一切。

技术开源产业彼此衔接、互相支撑，构建全产业链合作模式和无边界产业生态圈，日益成为数字经济的主流模式。

因此，不管是顺应时代趋势，还是国家发展方向，身为链商，我们需以链接、开放的眼光来看待未来商业的发展，运用技术、资源等一系列手段构建链圈会是我们的业态新模式。

共识共建链圈，共享共赢链商社

埃森哲提出"数字融合市场"的概念后曾分析中国数字融合市场四大机遇——支付、购物、视听、出行。

支付市场新生态，更多的参与者、数字化支付手段、创新的业务模式以及全新的消费体验。

购物市场新生态，更多的参与者、国内国外零售互相渗透、消费者成为真正的核心。

视听市场新生态，数字化传播手段、中间渠道消亡、新兴参与者、消费视听新习惯、创新业务模式。

出行市场新生态，各类出行服务商合作互联，满足消费者随时随地的高效出行需求。[一]

这些新生态的发展依赖的是数据分析、移动技术、社交网络、电子商务，并形成了"平台—社群—服务—产品"的发展业态。

2020年，国家发展改革委等13个部门联合印发了

[一] 中文互联网数据资讯网.埃森哲：数字融合市场—中国企业的跨界增长机遇－信息图[EB/OL]. (2015-03-27) [2021-10-10]. http://www.199it.com/archives/335552.html.

《关于支持新业态新模式健康发展 激活消费市场带动扩大就业的意见》，15种数字经济新业态新模式获得政策支持。

大力发展融合在线教育；

积极发展互联网医疗；

鼓励发展便捷化线上办公；

不断提升数字化治理水平；

培育产业平台化发展生态；

加快传统企业数字化转型步伐；

打造跨越物理边界的"虚拟"产业园和产业集群；

发展基于新技术的"无人经济"；

积极培育新个体，支持自主就业；

大力发展微经济，鼓励"副业创新"；

强化灵活就业劳动权益保障，探索多点执业；

拓展共享生活新空间；

打造共享生产新动力；

探索生产资料共享新模式；

激发数据要素流通新活力。

这15种新业态新模式涉及行业、组织形式、生产方式、技术运用、创业就业、社会民生等方方面面，链通5G、AI、物联网、区块链等一系列新兴数字技术，且每一种都包含链接和开放的元素，这些元素融合发展，数字融合市场也将进一步深化。

随着行业竞争升级,企业在新业态和信息力的助推下,其核心优势和路径选择将不断变化,互联网经济的单个企业消除信息不对称的服务模式创新,将逐渐演化为数字经济的生态系统之战。

虽然趋势已经形成,但是其发展的过程依然面临着很多挑战。

需要基于业务、服务建立合作生态并寻求资源;

需要产品和商业模式的持续创新;

需要以用户为中心,强调端到端的流程模式;

需要新的数字流程和应用框架开发、选择、嫁接;

需要新的能力系统的构建,从开发到部署充分掌握信息力,敏捷、协同;

…………

特别是广大中小企业技术基础薄弱、经营方式落后、技术渠道狭窄,如何解决这些问题?

此时便需要顺应时代趋势,以技术的手段抱团取暖、融合发展,构建数字经济时代商业圈——链圈。

与区块链世界的"链圈"不同,这里的链圈脱胎于数字经济时代的商业生态系统,立足实体企业,以社群(链商社)为基础,集合广大链商的力量,构建了集生态、平台、社群、服务、产品于一体的全新商业圈，旨在实现智慧共生、资源共通、商机共享、资本共融、生态共建，它是一个链商利益共同体，也是我们未来商业发展的新业态（见图5-1）。

图5-1 数字经济时代链圈圈层

生态——链商生态（见前文图3-3）。

平台——链商方舟（区块链商业应用智能服务平台）。

社群——由链商及链商企业组成。

服务和产品——链商及链商企业的服务和产品。

其中，生态是地基，社群是纽带，互联网平台与各行各业的社群跨界融合，将催化各行业的优化、增长、创新、重构。在此过程中，新物种、新模式、新生态会层出不穷，彼此交融，最终呈现一个共识共建、共享共赢的商业圈。而链圈的实现及运行手段便是数权畅通、"链分"机遇及通证模型借鉴。

第二部分 链商系统

生意有两面,一面看当下,一面重未来。方向对了,事情自然就成了。所以完成逻辑和身份的转变,寻找伙伴共同探索商业新业态,都会为我们深耕本行业提供更好的方向。而引领中国走向下一个 10 年、20 年、30 年的,也一定会是那些能够创造出新的技术、新的商业模式的新型企业。

数权畅通

"发现每一个新的群体在形式上都是数学的,因为我们不可能有其他的指导。"

在数据变成生产力与生产要素的今天,数据可能天然携带价值密码,需要我们从高维度超越原有认知,重新建立对数据的认知。

从大数据到数权

2010年之前,国内很多互联网公司已经开始关注大数据技术,处理大数据,但那时对大数据还没有清晰的定义。2013年起,大数据开始火了,几乎人人都谈大数据,什么数据分析、数据挖掘、数据决策……谈得头头是道。然而你问身边的人,什么是大数据?他们的回答往往很简洁干脆:"就是数据量很大呗!"(其实这种理解不能说错,只能说不全面。)

今天，数字经济时代，人们不仅已经习惯了大数据的概念，研究了大数据思维，更是将数据升级到生产要素范畴，甚至诞生了"数权"意识。数字经济也历经1.0、2.0，正在迈入3.0。

数字经济1.0，是国际大企业借助IT走向大发展时代，如微软、苹果的崛起。

数字经济2.0，是以DT（数据处理技术）为基础的数据驱动的平台化大发展时期，如亚逊、淘宝的蓬勃发展。

数字经济3.0，是以AI、物联网、区块链等新一代技术为基础构建的新型数字经济体系，同时数权时代到来。

（在数字经济1.0、2.0时期，数字经济的概念还未深入人心，人们更习惯称之为信息革命、互联网经济。也有人说数字经济1.0是"数字化"，2.0是"数据化"，3.0是"智能化"。）

那么，什么是数权？

数权简单理解就是数据权利，包括数据控制权、数据产权和数据隐私权，以及其他各项数据权益，具有丰富的技术内涵。

数权是具有价值特征的利益均衡连接机制和工具，是实有市场经济主体（市场主体）锚定其全要素价值数字化、颗粒化、区块链化、证券化的信用有价数字资产权益证明，为微观经济体经营赋能。

微观经济体便是个体和企业。

也有人由此引申出数权经济概念。

数权经济是数字经济发展到 3.0 阶段，依托区块链等新一代技术构建的数权世界中，新型的数字经济体系。数权世界是全球经济的"新大陆"，是与真实世界平行共生的数字化世界（元宇宙、数字地球）。

看到这里，很多人可能会陷入"数字困惑"。

当我们谈数字经济时，真正应该关心的问题在哪里？

数据和数权到底有什么关系？今天它们又有什么样的特点？

数权经济和我们有什么关系？

数权到底能够帮助企业做什么？能够带来什么变化？

数权的产生和价值界定

其实数据伴随我们的一生，生日、体重、体长等都是数据，随着成长还会逐渐产生越来越丰富的数据。而且每个人都不是孤立的，都有一定的社会关系，每个人或多或少地掌握着自己社交范围内其他人的数据，比如你一定知道你家人的生日，你朋友的年龄和电话。

因此，数据资源是我们自然属性和社会属性的数字化镜像，有人就有数据资源，可以说从古至今都是如此。

数权却是社会发展到一定阶段的产物，需要一定的技术、经济、法律条件。

在技术上，数据资源可以被有效地收集、存储、利用，这是基础，那些碎片化、短暂性数据难以从数据分析中转化成知识从而被利用，也就无法转化成各种价值。

在经济上，经济发展必须要足够成熟且具备相当的规模，才能使数据资源的经济和社会价值得以体现。

在法律上，社会的政治和法律体系要足够完善，才能在有效而清晰地界定其他经济社会权利的前提下，进一步明确无形的数据资源的权利界定。

因此，数据是数权的基础要素，数权是数据的价值化，数权的产生是人类社会发展的必然，尤其是数字经济时代发展的必然。

今天，随着技术的进步，大量数据的产生、上线、存储、应用，数据本身正呈现出四大特征。

大——数据量大，存储单位已经从 GB 扩展到 TB 乃至 PB。

多——数据类型多，既有企业内部和外部数据，也有结构化和非结构化数据，同时包括个人文本、照片、视频……

快——数据处理快速化，随着技术的进步，数据处理速度在持续加快。

杂——数据价值密度低，虽然数据总量大，但是有价值的数据比例低。

面对海量数据，如何确定哪些数据资源可成为我们的经济资源，也就是数权价值如何确定呢？

数据资源本质上是各种资源以及资产的数字化镜像。一方面，数据来源于实体，其所映射的实际资源价值就决定了它本身的价值；另一方面，数据价值的大小事实上与我们对数字化镜像的需求及投入有关，即通过数据所要达到的目的及挖掘数据的成本。如果需求大，数据价值就大；如果投入大，那就寻找别的折中方式或方法，比如借助其他平台的数字技术。未来各种数据处理技术会越来越先进，越来越普及，加上开源趋势，必然也会越来越便宜。这就好比产品，在市场早期，产品稀缺，价格贵，但在市场成熟，产品普及且竞争激烈时，自然就人人用得起。

比如零售行业需要的数据资源是消费数据，涉及用户、产品、消费记录，企业需要围绕这些数据做用户画像、精准营销、定制产品等。以前这样的数据收集靠的可能是店铺自身的会员登记，人工分类、检视，但是在电商平台，不仅我们可以更为便捷地获取这些数据，其智能分析还能为我们提供更高的数据应用效率。

因此真正决定数权价值的不是你有多少原始数据资源,而是当下及未来人们围绕某一数据资源的需求。另外,数据已经成为人类的一种无形资产,决定数权价值的还有人类的共识。

在一定程度上,人类社会变革的客观基础是资源的变革,因资源的不同,也产生了不同的本质性的"共识符号"。比如,人类进入农耕时代,土地的重要性便凸显出来,此时多数战争的本质是对土地的掠夺,这时的共识符号是土地;人类进入机器生产时代,圈地运动迫使人口向工厂聚集,资本"看不见""看得见"地操纵着一切,这时的共识符号是资本。长久以来,土地、资本如同黄金一般都是人类的共识资产。

随着互联网的发展,大量的数据产生,丰富多元的新业态形成,人们也逐渐萌生了数据即资产的意识,特别是区块链中诞生了虚拟数字资产,通证成为新一代共识价值符号,人们认识到数据亦可以代替传统的资金成为新型通证资产。而数字化资产的价值大小,就取决于人们是否产生了共识及共识的普遍程度。比如一枚比特币短短几年便能从几美元飙升到几万美元,其背后就是人们对比特币价值的接受和认可,进而激发出了它自身的价值。因此共识越强,你的数权价值就越大。

数权价值的激发

从数权的产生我们知道数权来源于实体，其本身就是对实体客观、科学、动态的价值评价。用代表实体价值评价的数权为实体经营赋能，本质就是借助数权畅通的利益连接机制为实体的价值创造赋能。

随着数字服务不断推动市场发展，数字世界和物理世界的界限变得模糊，数权成为我们不可或缺的"信用智能工具包"，是我们迈向数字世界的价值共识。

数字生产力时代最本质的变化是什么？是实现了生产全流程、全产业链、全生命周期管理数据的可获取、可分析、可执行及可交易。

基于这些，链圈的生态、平台、社群的组建，首先链接的将会是大家的数据资源，目的就是打通数据孤岛，实现资源共享，并通过强化共识和技术手段促进数据的应用（信息力）、流通、交易，进而激发大家的数权价值。简单来说，链圈就是要以数权赋能实体经济，实现生产者、消费者、经营者身份的转变、融合，使其结成利益共同体，助力数字经济与实体经济内生融合的创新型数权通证经济。数据价值体现在不断地实现流通，从而扩展数据的应用空间，切实满足个体链商与链商企业之间的需求。

因此想要激发链圈的数权价值，我们必须保证数权的畅通。

1. 数据为核心，数据驱动

通过前面对信息力驱动方式（见图4-3）的阐述，我们知道数据产生创造力的基本逻辑是：以算法算力推进隐性数据、信息、知识的显性化，将数据转变成信息，将信息转变成决策，由此在数据的自动流动中解决商业问题。

因此我们必须做到以下几点。

尽可能了解自己的数据资源。只有了解我们目前的数据资源，才知道我们有多少数字价值，才知道还缺哪些数据资源，进而明确这些缺少的数据资源该从哪里获得。

增加数据触点，尽可能多地去收集数据。数权的建立是"积多成少"的过程，也是迭代的过程，挖掘、分析不仅需要建立在海量数据的基础上，且还具有一定的不确定性，比如用户消费习惯的改变必然促使我们需要新的数据资源。随着移动互联网、物联网的发展，数据获取渠道变得更多，比如支付、浏览、点击量、刷卡消费、自动化传感器、生产流水线、自动设备等都可以成为我们的数据触点。

关注新技术、新资源、新渠道。当今时代技术快速迭代，新的技术、资源、渠道一方面影响甚至变革我们自身的行业、业务，另一方面也带来新业态形式。因此我们要保持对新趋势的好奇心，即前文提到的强化数据意识。

通过数据发现问题。很多时候不是有了数据就可以自动找到企业或业务中存在的问题，数据不是用来回答问题的，也不是用来下结论的。我们要通过洞察海量数据、敏捷预测和发现问题，构建信息力，让曾经的经验判断转为数据判断。

总结起来便是：了解和掌握我们已有的数据资源，寻找我们没有的新的数据资源，尽可能多地收集与我们自身行业、业务乃至上下游相关的数据资源，通过数据发现问题、定位问题，建立数据分析意识。这是保证数权畅通的基本条件。

2. 数据的流通和去信任化

数据只有流通才会变得有价值。互联网及新技术的本质就是数据的流通，数据通过在组织、人、设备三者之间自由流通，将世界连接成一个整体。

然而，政府部门、互联网巨头之间至今依然存在数字壁垒，很多时候形成一个个数据孤岛，这些对于企业的竞争力、经济的生产力、社会的创新力都产生着非常严重的影响。随着越来越多的数据被收集、汇总、分析，黑客攻击、恶意篡改、隐私泄露……数据安全成为人们最为关切的问题，也让数据在流通过程中产生了极高的信任成本。

数据即资产已成为共识，但是共识是人类意识层面的概念，很难被记录和见证，且容易被修改、误解。各大组织为了维持共识，花费了大量人力、物力、财力，这一点我们可以从各大500强企业投入的巨额宣传费中窥得一斑。

因此数权的畅通不仅要让数据流通，还要让数据去信任化地流通。

首先解决信任问题，用技术的手段，让数据更可靠、更安全，而解决信任问题最好的办法莫过于去信任化，无须信任便可交易、协作；其次搭建去信任化、共识驱动的流通系统，实现数据的自由流通和交易。

3. 数据开放共享

数据开放共享是数权价值的放大。因此在满足数据流通和安全的基础之上，我们便要考虑数据开放共享的可能，创造出更多的社会价值。

也许依靠当今的技术，打通企业内部数据没有问题，但是外部数据的链接呢？链圈就是打通内部数据与外部数据的通道。如上下游供应链、物流等合作伙伴在链圈本着平等互利的原则共享数据（至于如何开放共享，我们将在下一节中介绍）。

数权会是链圈的"硬通货"，可以预见，未来商业的发展资源乃至整个人类的发展资源将不再是传统观念中一块由原料和能源组成的大小固定的"饼"，数据将会是重要的资源和资产，数据用得越多，共享越充分，数权价值越大，且其作用能发挥得越彻底。

"链分"机遇

"建立在商业业务上的友谊远比建立在友谊上的商业业务来得好。"

也许今天,建立在数据友谊上的商业业务比建立在常规友谊上的商业业务来得好。

从属到共生再到合作

前一节我们说了数据和数权,但是不管是数据还是数权,主体都是人。

数据资源长期伴随人类进化,但是数权却是在最近几年才被人们关注的,因为主体(人)在过去的生产力、经济结构、政治制度之下,数权意识并不强烈,其权利主张也不是十分明确。

曾经数据只是主体的一种从属属性,只是测量和统计的结果,这是传统的数据和主体的关系,数权往往也只掌握在少数人手中。

比如处于数字技术和数字经济还不存在或不普遍的社会发展阶段的封建社会，一般只有统治者在少数时间——新老政权更替、战争准备等特殊时期，针对极个别数字资源——人口数量、军队人数、物资数量等有强烈意识。而普通人或是接触不到，或只是从属其中被统计。

再如在数字经济早期阶段，我们的消费数据、生产数据及个人信息只是被采集、统计，对我们自身并没有什么影响，我们也未意识到数据的重要性，对数据资源在多大程度上有利或有害于自身发展和社会利益并没有形成强烈而统一的认识。虽然采集、统计数据的数字平台握有数权，但是数据价值普遍很低（边际收益低，边际成本高）。

在数据变成生产要素，数字技术变成生产力的今天，那些主动、有计划、有意识的数据交易行为，让我们对数据资源的权利意愿和权利主张全面觉醒，我们注重个人数据隐私的保护，企业绞尽脑汁地获取、分析、运用用户数据，企业数字化转型资产上链……数权演变成了人格权、消费权、营销权、财产权等的综合体，虽然数据的主体依旧是人，但是数据正在日益摆脱从属性，变成与我们"共生"的状态，且携带的价值密码日益凸显。

在这个过程中，数权也形成了不同的层次主体。

个人数权，个人信息及社交、消费产生的相关数据，控制范围有限，仅仅是个人掌握的一点点身份信息、社交信息、消费信息等。

组织数权，围绕组织全体的数据资源权利，是基于特定人群的数据集。比如企业用户信息、市场调研数据、供应商相关数据、内部经营管理数据等，且多由组织内部保存并可作为企业经营决策的重要依据。

国家数权，比如全国交通大数据、水文数据、基因数据等，其权利主张完全服从国家政治经济发展。

（国家层面的数权我们不做讨论，主要看与我们个人和企业息息相关的个人数权和组织数权。）

个人数权几乎无法被"独占"，我们每个人的信息事实上都有相应的组织（不管是国家还是企业）做出"公证"或"证明"，我们只是单向"知情"，缺乏对这些数据资源的差异化分析、挖掘能力。但是今天组织数权也很难被"独占"，关于数权，组织之间正寻求一种合作共赢关系。

未来如何做蛋糕

以前我们是怎么做市场调研的？

成立调研小组，深入一线市场，收集、整理市场数据，耗时耗力。

现在我们怎么做？

并不需要亲力亲为，我们可以从市场调研公司或互联网平台购买一套数据，比如大型电商平台的同类市场消费数据，这能为我们节省很多人力和成本。但是我们在购买的时候肯定也担心它们会将数据转卖给我们的竞争对手，此时怎么办？我们可以改变买卖规则，比如分给对方商品分红，这样我们卖得越多对方也挣得越多，在共同利益驱使下，对方便不容易做出"背叛"的行为。

所以今天数据的交易往往不是"买断"的，而是"合作"的，两家企业建立的不是买卖关系，而是合作关系，双方共同把市场蛋糕做大。

因此，我们组建链圈，不仅是为了提供一个更广阔的交易空间（端对端链接、供应链链接），更是为个人、组织提供一个更大的合作共赢平台，吸收与容纳更多不同领域的链商，并通过数据上链，"链分"机遇。

1. 转变思维，借力平台

在未来的人类社会，人权、物权和数权会成为人最基本的三项权利。

在商业世界中，人权就是围绕企业社会责任而设计的不同层次的宣言、标准、条约、行为守则等对人进行的保护；物权，我们生产的是物品（商品），交易的很大程度上是物权，并且一物一权，生产设备、商品被个人拥有，由拥有的个人绝对支配，"占有"是核心诉求和发展本质；而数权突破了"一物一权"的局限，"一数多权"。通证经济中的通证是典型的数权，它可以是我们的个人价值权益凭证、个人信息凭证、个人福利凭证，也可以是个人物权的映射，一种通证也可以集合多种权益。

比如，在通证经济中，消费者购买商品，通证既可以是消费者的商品所有权，也可以是消费者的消费投资，购买即表示入股或加入会员，如此通证便有商品和股份（或会员）两种权益。其中可挖掘的数据价值十分丰富多元，也极大拓展了企业的合作空间。

比如A公司是下游经销企业，B公司是上游生产企业。B公司可以通过A公司的通证系统，了解到整个产品的市场情况及消费需求，也可以加入A公司的通证系统，直接对接C端，并给B端通证系统的通证增加一个产品设计价值权益凭证，让用户可以参与产品研发设计，并获得一定的权益或报酬，从而打破生产消费边界。跨界合作也是同样的道理。

因此，我们需要跳出以往的发展思维，让数据资源进入一个具有保障性、安全性的大系统中，使其充分流通，共享交易，这样才能最大化地开发资源价值。

链商社组建链圈便是本着这样的初心，通过一种共识机制，为大家构建一个数据合作平台（链圈的本质就是一个数据共享、合作共赢的商业平台）：集合各个链商和链商组织的数据资源及其他商业资源，将其纳入链商生态，组建多元数据库、资源库，大家在同一个通证系统中，根据各自手中的权益（通证）决定这些资源的访问权、使用权，轻松对接内外部资源。通证系统的区块链技术也将很好地保证各种数据资源的真实性和安全性。

那么，如何在数字平台通过数字合作挖掘机遇？

2. 立足自身，获取资源

每个行业各有不同，即使同一个行业，不同的企业对自身业务、数据类型的理解也都不同。因此需要进行如下思考。

我们有哪些业务或问题？

哪些数据可以帮助我们创造业务场景？

一直想做却受条件限制不能做的，现在是否具备了条件？可以对接哪些资源？

一句话，不管大数据还是小数据，做好数据共享的前提都是牢牢立足自身行业的业务需求。

在数据和业务方面，大数据越大越好，但是在数据资源的共享、对接、应用上，需要有主次之分，并进行阶段性验证。

熟悉自身行业和业务，这是数字合作的根基。

通过业务和问题匹配相应的数据，实现什么样的业务匹配什么样的数据资源。

通过数据资源对接找业务、找问题，具备数据嗅觉，数据驱动、业务驱动形成决策指导，让企业的业务、经营、生产、市场打法等决策能够真正落地，并且产生实实在在的价值。

关注新技术、新资源、新渠道，了解新的商业模式和业务形态、新的服务场景和市场，开拓新业务、新市场。

需要注意的是，数据的挖掘、获取一定要有业务场景化思维。

比如，企业的服务对象是高收入人群，你如何找到他们？此时你就要深入他们的消费场景，比如开豪车、出入高档消费场所等，这里面就涉及了 4S 店消费数据、刷卡消费记录等。你对接上这些数据，便可以在几十万潜在客户群体中挖掘出几千位高价值用户，然后再去做精准营销，这样绝对事半功倍。

再比如，你近期有没有看过财经类文章？如果有，它们是如何出现在你眼前的？如果没有又是为什么？其实你的阅读经历、阅读习惯都会被新闻 App 采集、分析，然后 App 根据你的阅读数据，精准投放你感兴趣的新闻内容，而这就是基于数据的业务场景化。

总之，业务场景越清晰，越能够帮助你判断需要对接何种数据资源。在这方面，链商社也会以"分析＋咨询＋规划＋技术团队"的方式向中小企业提供专业化服务。

3. 资源共享，合作共赢

共享资源数据，研究自身数据价值，分析与哪些组织、企业具备合作条件，能够衍生企业边际收益。这一内容很好理解，前文也多有阐述，这里不再赘述。

数据是数字经济的基础，数字合作是数字经济成熟的标志，是数字经济发展的必然。但是对于广大中小企业来讲，数字合作还是一个新兴的概念，它们对如何经营数字权益，如何进行资产化管理，同样十分陌生。

第二部分
链商系统

　　因此我们才要成立链商社,打破现有业态与数据价值互通的瓶颈,打破商业边界。我们在组建链商社之初,也定下了"大调子":数据资源对接、共享,为中小企业创造更多的合作机会和衍生边际收益,这才是数字合作最合适的发展方向。

通证模型借鉴

"冬天从这里夺去的,春天会交还给你。"

区块链大航海时代已经开启,通证经济的逻辑和意义已经显现,数字经济将进入大爆发阶段,未来是个人、企业权益价值的时代。

数据的权利格局

数据即权利,拥有数据即拥有权利。

但是有一点我们必须明确,很多时候数据共享、数字合作,数权并没有让渡,数据的价值创造也会根据双方各自的数据特点发生变化,甚至合作之后会有利益的博弈。因为合作是做蛋糕,一旦蛋糕做好,就要分蛋糕,人人都会锁定分配给自己的那块蛋糕,并想尽办法让分给自己的蛋糕多一点。而蛋糕能分多少,如何分,则会直接影响合作。在一些极端情况下,如因利益分配不公而出现商业机密泄露、商业背叛等行为，此合作范式下数权的价值还不如单个组织数权的价值。

所以，数字合作的主导权以及数字合作中的衍生边际收益决定了合作的走向。

主导权，一般来说谁掌握的数据规模大、多样性高，谁就占据主导权。这很好理解，好比股份制，股份越多则话语权越大。

数据规模小、类型单一的一方，尽管数据可能非常独特，但是也难以单纯依靠数据占据主导权。这也就是为什么大家要平台化发展。在数字经济下，建立差异化竞争优势后，越是单一细分市场，越需要转向或投靠多元化数据平台，形成规模、网络和生态优势。

数据的可复制性，让数字合作成为握有数据的组织的衍生边际收益，且往往边际成本为零。

比如一家企业和链商社合作，在合作中链商社有主导权，但是这家企业有技术和能力把与链商社合作中获得的数据变现出链商社无法控制的衍生价值（自留地）。因此这家企业即便没有数据的主导权，依旧可以从合作中获取更大的收益。而链商社数据主导权属于所有链商，与这家企业合作获得的收益，对链商来说也是衍生边际收益。

一般来说，数字合作有以下几种模式。

主导权小且衍生边际收益小的组织，在合作中是被动参与的地位，在价值创造阶段只能听从主导人指挥，在价值分配时也无力争夺额外的价值和收益，更多的时候它们和合作主导方是买卖关系，好比电商和电商平台之间的关系。

主导权小且衍生边际收益大的组织，在合作中会产生竞争性。它们不具有主导权，会受制于人，但也有一定的底气和野心。比如一些企业在某一个电商平台的前期经营（合作）过程中，愿意承受一定程度的不公平，深度挖掘平台上的同业数据，最后实现跨平台市场扩张。

主导权大且衍生边际收益小的组织，依靠庞大的数据量，适合稳定地经营一个合作平台，通过与主导权小的组织合作，拓展自身的边际收益。

主导权大且衍生边际收益大的组织，希望更多的组织参与合作创新，建立新生态联盟。比如京东数科推进"产业数字化"、阿里打造"数字经济体"、腾讯推出"产业互联网"……但是这样的生态联盟更多的是为自身服务，缺乏透明性，容易出现"数字霸权"。

概括起来如图5-2所示。

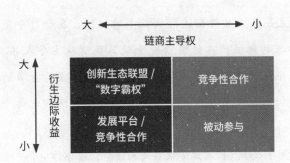

图 5-2 链商主导权与衍生边际收益矩阵

以往的合作,不管是否具备主导权,边际收益大小,一定程度上都存在瑕疵,分配上存在不公平性,容易积累矛盾,产生内卷和内耗。

另外,数权和物权不同,它具有复制性、非消耗性,还兼具私有性和特殊公共性等特征,且"一数多权",数字合作的分配比股份制、提成制、积分制等更具复杂性。在大数据时代,数据必须实现共享才能真正产生价值。如果数据还像此前的物品一样,被个人拥有"绝对支配权",将与大数据时代的核心诉求发生严重背离。当然,要让数据变为完全共享同样也是不合理的。

所以,确定数权的前提,就是要保证其具有私有属性、公共属性和主权属性,数字合作可持续发展,必然需要非常完善的数据所有权制度、数据使用制度、数据共享制度、数据公益制度等，而通证经济模型可以完美解决这些制度的建设问题。

权益"证改"

其实不管是主导权还是衍生边际收益，最终涉及的问题都是权益的分配。而在权益的争夺过程中，呈现以下三种趋势。

分化，如A拥有数据所有权，但是B有技术、有产品，具备将数据变现的能力，这样A、B合作，数据所有权和经营权分离。（此时便会有主导权之争。）

降维，随着技术的开源、共享，数据具有开放性和可复制性，掌握数据主导权的组织会下放一定的权利，如使用权、经营权，给合作的平台公司，让平台公司享有更多的平台福利，如淘宝平台店铺都可以获得同类市场消费数据。（这便是加入生态联盟的意义和好处。）

流动性，数据会从这一平台流向另一平台，会从这一人群流向另一人群，一方面数据独享越来越困难，另一方面谁掌握的数据越多谁就更具话语权。（此时便会产生竞争性合作及数据霸权。）

通证经济是符合权益分化、降维、流动性三大趋势，促进权益分配更加合理，从而达到高效激励的一套新制度规则。其构建有以下三大要素。

第一是制度（共识），制度、规则不依赖人，组织自行运行。

第二是通证，权益通证化，并设计合理的激励机制、分配机制。

第三是社区，推动组织成员为共同目标一起努力。

在这个基础上，通证背后承载的将是巨大且复杂的经济运行体系和分配机制，将是一种更高阶的价值符号，通证经济也会成为人类协作的新型合作架构。

1. 通证经济重塑新型合作权益

随着数字时代诞生而来的互联网新技术——区块链，依靠智能合约、激励机制构建新型共识系统，能去中心化、去信任化地高效链接、流通、交易，最大可能地摆脱物理世界的种种限制，纯理性地将共识量化，极大地降低共识的构建和维护成本。

通证作为通证经济体的共识流通凭证，可将人脑中意识世界的形态固化，凝结到无差别的、具有共识性的数字形态中。

通证经济不是"社会大同",不是"权益平均",而是以通证充当数据度量衡,为整个通证经济提供价值锚定的基准,每个人、每个企业的权益都有着明确的通证界定。也就是说,每个人的权益、价值都会受到无差别的公平、公正对待且被保护。

简单理解,在通证经济中,我们的数据资源及所蕴含的权益可以通证化,别人带不走、剥夺不了,且权责明晰、上链保护。

2. 共识社群新分配制度建立

传统的商业合作是建立在共同利益上的,只有两种身份——主导者身份(主导权)和参与者身份,获益最多的往往是主导者。但是通证经济社群却是基于共识而凝聚在一起的,只有一个主导者——整个社群,通证经济的运行也不是为某个人、某个企业服务或获得收益,而是为整个社群服务或获得收益,这会带来四个巨大变化。

一是成员身份真正多重性,用户、投资者、经营者等身份集于一体,可让更多人立足自身特长。通过这样的改变,社群的任何成员都可拥有空前的参与感和成就感,从而真正持续性促进合作。

第二部分
链商系统

二是帕累托改善[一]，在不减少任何人权益的情况下，真正把蛋糕做大(这种改善的发生是由权益流通形成的)。

三是分配机制，在通证的世界中，人们只相信代码、合约，每个人都可以配置单独的数字账户，每个行为都以智能合约的方式被动执行，分配上做到了去中心化，分配权被公认的智能合约取代，每个人的贡献、价值以通证为衡量，通证具有流通性，可享受到长期的增值收益。

四是激励机制，通证作为通证经济体的奖励凭证，自治、自发地进行共识激励和维护，形成价值化网络系统，变革数据资源的使用方式和共享方式，各自按照共享价值获得各自权益，公平公正。

比如链商社链圈生态的创建便以通证经济打破了以往的权利格局、合作瓶颈。

链商社是所有参与其中的链商的利益共同体(也就是说，数据主体是所有参与的链商，而非个人或中心化平台)，是主导权大且衍生边际收益大的组织，社内数据资源丰富多元，能够满足大大小小的组织的发展需求与合作需求。

[一] 帕累托改善：也称帕累托最优(Pareto Optimality)，是指资源分配的一种理想状态，假定固有的一群人和可分配的资源，从一种分配状态到另一种状态的变化中，在没有使任何人境况变坏的前提下，使得至少一个人变得更好。

链商社对合作的关键需求不是静态的数据资源，而是基于数据资源形成的动态知识，这会让链商社更加开放，也容易切更多的蛋糕给合作链商，因为依托优质的合作链商，总能发掘更好的、创造更好的，这样别人在切蛋糕的时候链商社能在一边做蛋糕。

　　链圈的主导权掌握在链商社手中，对于加入链商社的链商及链商企业，他们不用担心对自身数据资源丧失主导权，链圈在保证数据资源私有性的基础上对其进行公共性运用，并根据其贡献程度进行公平、透明的通证化分配。

　　需要注意的是，"证改"不是"币改"，不一定要发币，它真正的意义在于能为我们寻求一种更加科学、合理的合作机制，让承担责任、做出贡献、付出劳动、创造价值的人，匹配相应的权利和收益。简单理解，就是匹配相应的资源和报酬，让专业的人心无旁骛地做专业的事，真正创造更大的价值。

　　人类历史不是缓慢前进的，而是跳跃式发展的。曾经的蒸汽机推动了机械工业的发展，如今的互联网，特别是通证经济将推动社群价值共享的发展，这会是全新的合作共赢时代。而创富区块链、创富通证经济也会成为每一个链商的"链商兵法"。

06 链商兵法

——创富区块链

补课区块链

"上医治未病,中医治欲病,下医治已病。"

IT 是对昨天的总结,区块链才是对未来的预判,我们必须学会"治未病"。

为什么要知道区块链

传统零售业出现关门潮,2017 年,美国零售业总计宣布关店逾 6700 家,超过了 2008 年金融危机期间创下的 6163 家的关店纪录。

传统电商举步维艰,压账期已经成为商业模式,库存里占压着巨额资金,多少厂家欲哭无泪。

微商业绩断崖式下滑,越来越多的团队流失、代理跑路、业绩下滑的消息充斥耳边。

实体经济大面积停产,中国实体经济的生态环境处于沸腾状态,大量企业被卷入疯狂的涨价旋涡中,苦苦挣扎,命悬一线。

…………

为什么会这样？

因为市场关系变了。虽然商业的本质没有改变，但是生产者与消费者的关系，企业与员工的关系，都发生了很大的变化：消费者需求多样化、个性化，他们已经不是被动的商品购买者、接纳者，而是越来越具备主权优势的中心力量，商业参与性正在逐渐渗透到企业产业链的各个环节；员工个体价值崛起，曾经是员工为企业打工，现在是企业为员工赋能，尤其在服务行业、知识产业，以及关键技能行业，员工已经不是以劳动来换取报酬的雇员，而是正在逐步转变为支持公司并有权利获知其相关信息的"自由代理人"或"志愿者"。

因为商业基础变了。互联网发展线上线下融合，特别是粉丝经济、共享经济、通证经济等已经让互联网由"嫁接"服务变成了"链接"服务，链接生产者与消费者，链接消费者与商品，各种各样的边界正在逐渐被打破，新需求、新业态、新组织正在产生，商业基础设施也变成了大数据、云计算、区块链、物联网……

因为商业的底层逻辑变了。商业基础设施的改变对知识、技术、渠道进行了系统化重构，商业的底层逻辑从竞争走向共生……

我们必须深刻意识到：这个世界的天变了——数字化链通时代正在到来！而区块链正是这个时代的基础设施。

也许对于很多中小企业来说，区块链因为一些太过专业的解读，让人有种雾里看花的感觉；或有企业抱着怀疑的态度，质疑着它的颠覆力量，就像40年前人们不相信下海能发家致富，30年前炒股被认为是骗人的一样。但是从数字经济1.0到数字经济3.0，随着应用场景的不断落地，区块链不仅证明了自己的颠覆性潜质，也为未来商业打开了一扇崭新的大门。

那么，区块链到底有何魅力？和我们又有什么关系？

区块链的技术魅力

其实，作为技术应用者，我们也不需要了解太多的专业知识（这是专业人做的事）；作为链商，我们也无须自己亲自构建区块链技术，完全可以通过平台、渠道借用区块链技术。当今区块链技术服务公司也不再神秘莫测，正在慢慢成为大家的服务商。我们要了解区块链技术特点，充分认识到其技术价值，知道其使用场景、落地趋势从而匹配自身的业务。

区块链技术有以下六大特性。

去中心化。区块链系统是由大量节点共同组成的一个点对点网络，不存在中心化的硬件或者管理机构，节点的权利和义务是均等的，系统中的数据块由整个系统中所有具有维护功能的节点共同维护，任一节点的损坏或者失去不会影响整个系统的运行。

防篡改，可溯源。区块链系统通过分布式数据库的形式让每个参与节点都能获得一份完整数据库的拷贝。信息一旦经过验证添加到区块链上，就永久地被存储起来，除非能够同时控制整个系统中超过51%的节点，否则单个节点上对数据库的修改是无效的。

开放性。区块链系统是开放的，对于公有链来讲，除了交易各方的私有信息被加密外，区块链的数据对网络中所有人公开，任何人都可以通过公开的接口查询区块链数据和开发相关应用，因此整个系统信息高度公开透明。

去信任。区块链系统是运用一套基于共识的数学算法，在机器之间建立信任的网络，从而通过技术背书而非中心化信用机构来进行信用构造，改变了中心化的信用创造方式。借助算法证明机制，区块链网络中每个节点之间进行数据交换无须建立信任过程。

自治性。 区块链采用基于协商一致的规范和协议，使得整个系统中的所有节点能够在去信任的环境自由安全地交换数据，使得对人的信任改成了对机器的信任，任何人为的干预不起作用。

匿名性。 由于节点间无须相互信任，因此节点间无须公开身份，系统中每个参与的节点都可以是匿名的。参与交易的双方通过虚拟地址传递信息，即便获取了全部区块信息也无法知道参与交易的双方到底是谁，只有掌握私钥的人才能开启自己的"钱包"。

这些特性将在以下三个维度产生颠覆性的商业能量。

连接维度。 区块链的去中心化，可以让我们在没有第三方信用背书的情况下，实现在一个开放的平台上进行远距离的安全连接、交易，并保存所有的历史记录，消解了中心机构对资源、价值的垄断权利。

数据维度。 区块链是一种特定分布式存取数据技术，不仅在数据的获取、存储、读取、跟踪上具有强大的优势，且能够保证数据的真实、可靠。

信任维度。 大家都知道只有在高度社会信任的新经济环境中才能产生具备竞争力的行业巨头。而区块链就有这个信任机制，能够重塑社会信任（具体如何解决信任问题，后面在对区块链特点的分析中会做详细讲解）。

当然，随着区块链技术的不断完善和在不同领域的落地执行，它必然能够爆发出更多的技术魅力。也正是如此，区块链开始成为众多企业新一轮投资、竞争、运用的热土，也开始在商业系统中发挥重要的作用。

区块链的应用场景

腾讯帮助构建贸易融资区块链应用程序，以简化大宗金属的采购流程。区块链技术通过收集有关仓库中金属的大量可追溯数据来工作，从而增强了仓库数据的信誉度。截至 2019 年 9 月，交易额已超过 1 亿美元。

中国建设银行 9 个区块链项目正在运营中，其中一个项目可追踪药品的来源，一个项目可追踪碳信用额，还有一个项目可显示政府拨款的支出方式。

宝马推出了汽车行业首个区块链车辆身份标准，该标准为新车提供了数字身份。该技术最终可以跟踪汽车生命周期中的事件，并用于连接车辆以共享信息，跟踪速度、位置、行进方向、制动甚至驾驶员意图（例如改变车道）。

…………

区块链正在开启新一轮的"大航海运动"，几乎影响着每一个行业和领域（见图6-1）。

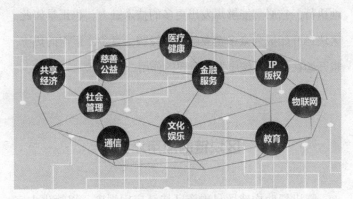

图6-1 区块链应用全景

金融服务：支付、交易清结算、贸易金额、数字货币、股权、私募、债券、金融衍生品、众筹、信贷、风控、征信。

医疗健康：数字病历、隐私保护、健康管理。

IP版权：专利、著作权、商标保护、软件、游戏、音频、视频、书籍许可证、艺术品证明。

教育：档案管理、学生征信、学历证明、成绩证明、产学合作。

物联网：物品溯源、物品防伪、物品认证、网络安全、网络效率、网络可靠性。

共享经济：租车、租房、知识技能。

通信：社交、消息系统。

社会管理：代理投票、身份认证、档案管理、公证、遗产继承、个人社会信用、工商管理。

慈善公益：资金筹集、慈善捐款、资金追踪。

文化娱乐：视频版权、音乐版权、软件防伪、数字内容确权、软件传播溯源。

今天的区块链技术已经具备服务实体的能力，主动尝试区块链，结合已有的业务优势、资源优势，寻找合适的应用场景、方便易用的平台级区块链产品显得非常重要。

有人说，错过互联网不能错过区块链，要及时介入。相比其他技术而言，区块链的技术门槛并不高，今天应用门槛也已降低，随着数字经济的发展，留给我们的数字转型时间并不多，我们需尽快将先机转化为优势。

Token 的隐秘价值

"逝将去女,适彼乐土。"

对于区块链和 Token,很多人是分开来看待的。其实区块链与 Token 结合的通证经济是当今时代经济的一道曙光,面对这道曙光,我们的目光一定要向前,充分认识到这道曙光所蕴含的力量,从而到达人类商业新乐土。

交易系统的闭环

本书第一部分中已经介绍了 Token 的概念,它可以代表任何权益证明。也只有区块链和 Token 结合才能打造最好的支撑和流通平台。

通证面纱的揭开,启发和鼓励了大家将各种权益证明如门票、合同、证书、资产、资质等全部拿出来通证化,放在区块链上流转,让市场自动发现其价值,同时让它们成为在现实经济中可以被验证和消费的东西——这就是通证经济,借助区块链或者可信的中心化系统把数字管理的作用发挥到极致。区块链技术和通证经济也会是数字经济爆发的窗口。

不过与二十几年来笑傲全球的互联网眼球经济、流量经济、社群经济等不同,由区块链和Token触发的通证经济的本质是回归商业本质——实现交易体系的闭环和生产关系的变革。

我们先来看交易体系闭环。

商业的本质关系是交易,有来有往,有进有出,合理循环。交易闭环就是将交易做到有进有出又能无缝对接,这需要一个机制或系统来维护。而一个完整的交易会涉及以下三个要素。

交易工具,如货币,我们需要用钱来买卖东西。

交易记录,如账本,我们需要记录买卖的数量、金额等。

交易权威,如担保、公证、调节、信用背书、买卖过程,我们需要一个权威个人或机构为此次交易保驾护航。

因此,交易机制或系统也需具备这三个要素。

人类商业发展至今,交易系统也发生了两次变革:在几千年前,人类的交易工具是一些可以被广泛认可的特定物件,如贝壳、宝石,我们用它们来衡量商品价值,此时交易者凭借记忆或结绳记录交易。一旦交易出现争执,便由氏族、部落的领头人作为公平、公正的权威人进行调节。随着时间的推移，交易工具变成了货币，交易记录则变革为纸质账本，银行成了权威机构。

如今，人类商业已经高度发达，每天的资金流转就达到几千万亿元，交易工具数字化，交易账本在计算机和计算云里完成记录，交易权威变成银行、平台。这是人类社会的进步，但也暴露出新的问题，如交易权威垄断和信任危机。

以平台为例。互联网金融和金融科技让交易工具发生了颠覆性的变革，货币实现数字化流通，交易更为便捷，支付方式层出不穷；但是平台一方面为我们做信任背书，另一方面又有垄断和安全问题。当我们加入一个平台，如在某一个平台开店，平台往往具有"绝对权威"，我们必须遵循它的规则，必须在其系统中记录我们的交易数量、交易金额并接受它的"裁决"。而平台集中的账本和数据体系遇到黑客攻击的事件层出不穷，尤其是平台金融数据支持技术和网络协议的更新与金融创新和市场需求相比已经严重滞后。

区块链则让交易关系完成一次大进化，在去中心化、去信任化的基础上，交易工具、交易记录更加安全，交易权威由原来特定的人、机构变成了智能合约，从而在交易工具、交易记录和交易权威三个方面实现了对信任体系的再造。

1. 交易工具——Token

任何个人、组织在链入区块链时都可以发行 Token，Token 可在其搭建的交易平台中流通、交易，成为新的交易工具。

同时 Token 还可以作为信任背书。大家即便是初次见面，也无须费力去识别眼前这个人，只需非常简单地通过他的 Token 便可了解他的信用，认识他的价值，从而判断这个人到底值不值得交往。现代人类社会的活动，本质上就是建立在信任基础上的商业故事，人类的每一次进步也是基于信任。而未来人类社会的进步将会由区块链和 Token 重构的人类信任体系所引领。

当然，目前通证经济的发展还未能达到彻底变革交易工具的程度，但是当人类商业体系全都以区块链为链接，交织成一个巨大的商业网络系统时，人类的交易工具必然会再次发生改变。

2. 交易记录——分布式账本

在区块链上的整个交易过程中，参与信息、行为由分布在不同地方的多个节点共同记录，且每个节点记录的都是完整的账目，一旦对账本数据进行修改，所有的副本数据很快就会做到同步。在这种分布式的技术特点中，每一笔交易都有一个独一无二的时间戳，这样可以很好地避免重复支付的产生，极大地降低传输、交易过程的复杂程度和风险。

3. 交易权威——智能合约

区块链以智能合约的形式，自动、安全地交换数据，整个系统的所有节点都不需要人为干预，能够在去信任的环境下运行，从而将对人的信任改成了对机器的信任，并在没有第三方信用背书的情况下，实现在一个开放的平台上进行远距离的安全交易，且保存所有的历史记录，整个过程透明、可跟踪、不可篡改，任何人为的干预都不起作用。

也就是说，在没有中心化的第三方的情况下，区块链极大地解决了陌生人之间的交易问题，这项伟大的技术打破了传统交易机制的权威形象，消解了传统交易权威的信任隐患及权威垄断。

当我们的交易以 Token 为交易工具，以分布式账本为交易记录，以智能合约为交易权威，传统交易系统的弊端必然会被打破，交易系统的完美闭环将会实现。

生产关系变革

从个体生产到家庭联产,从单一结构到合伙制、私营制共存,再到股份制……人类经济史上的每一页,书写的其实都是人类生产关系的改变。

生产关系有三个最核心的要素:生产资料所有制,人们在生产中的地位和交换关系,产品的分配关系。通俗来说就是:原料是谁的,生产过程中如何分工,生产成果如何分配。整个人类社会活动的进行无一不是这样的组合。

只是,今天随着生产力的提升,一方面,简单劳动力被机器所取代,未来人工智能更是会极大冲击劳动力市场;另一方面,资源共享已经是大势所趋,全球互联让人人都可以是自媒体,人人都可以是"超级个体",人的思想认知、创造力、注意力更为重要。这些变革极大地冲击着旧有的生产关系。与此同时,企业人才越来越稀缺,产能、产品过剩及消费升级让竞争变得更为惨烈,众多企业面临着艰难的转型升级。

于是,有一个声音开始愈发响亮:"是时候变革生产关系了。"通证经济应运而生。在 Token 基础上诞生的通证经济的实质是生产关系的变革。

1. 变革生产资料所有制

传统的生产资料是土地、厂房、机器设备、原料等，长期以来不管是生产资料公有制还是私有制，生产资料大多为中心化组织（如公司、平台、国家）所拥有、垄断。

通证经济可将技术、数据、土地、原料等新旧生产资料 Token 化、资本化，结合区块链技术，将它们数字化写入区块中，而它们的所有权会广泛地分布在社区成员的手里，并由一连串数字密码锁定，谁也侵犯不了。社区成员既是生产资料所有者，更会与企业、组织结成利益共同体，实现风险共担、利益共享。

2. 改变人们的生产地位和角色

传统生产关系中，生产和消费是分割的，大家的普遍观念是：生产者赚钱，消费者花钱。很大程度上我们也只有消费者这样单一的角色。

通证是加密数字权益凭证，权益、加密、流通 3 个要素缺一不可。通证和区块链结合，带来的不是效益优化、规模改善，而是突破生产消费关系边界，对生产关系进行颠覆和重构。

通证经济可以将消费权益、经营权益数字化，并解决流通问题，让消费者在通证系统中参与企业投资、分享企业发展成果，实现消费资本化，从而消解生产者和消费者的对立关系，真正让两者成为利益共同体。

比如，在通证系统中，当消费者购买企业产品时，生产者应把消费者的购买行为看成是对企业的一种投资，并按照一定的时间间隔把企业利润按照一定比例返还消费者。简单来说，消费即投资、消费即参股、消费即选择……消费者的购买行为，已经不再是单纯的消费行为，更是一种投资行为、储蓄行为。也就是说，在通证系统中，每一个人都是价值的创造者、贡献者和享有者，生产者与消费者、企业与个人依靠共识、去信任化及奖励机制有效地结成同盟，这些都会极大地促进我们从消费者转变为"消费商"——花钱的同时挣钱。

3. 让生产成果公平分配

最好的生产关系的考量标准就是公平、公正，分配公允，天下大同。但是一直以来，人类的分配制度几乎都是建立在榨取生产者剩余劳动价值和中心化的基础上，是不透明、不公平的，其结构就像是一个金字塔：能站上财富顶端的是资本家、精英、平台，塔基是大量生产者。而这个金字塔模型是固化的世界，没有所谓的过渡地带，横亘在二者之间的只有一条明晰的单一的分配规则，比如固定工资，或等级明确的业绩提成。

但是通证的世界通过既定规则构建了一套科学、合理的奖励机制、分配机制。

生产资料回归个人，生产者不再仅仅是打工、消费的角色，有着足够的"利益驱动"。

通证系统只相信代码、合约，每个人都可以配置单独的数字账户，每个行为都以智能合约的方式被动执行，分配上做到了去中心化，分配权被公认的智能合约取代，每个人的贡献、价值以 Token 为衡量标准，且具有流通性，可享受到长期的增值收益。

通证系统中没有森严的等级，每个人都是平等的节点，没有先来后到，大家的合作基于社区的共识，Token 就是信用，再小的个体也都能找到自己的小组织，并充分发挥个人所能，为社区做贡献，获得奖励。

另外，通证社群的建设也并非以榨取剩余劳动力为目的，其目标是在成本效率保持基本不变的情况下，让分配机制变成人人贡献、人人收益。其本质是找到了区块链这一技术手段，让更加公平合理的分配机制规模化。当更好的分配机制被规模化的时候，世界就真的会改变。

所以，通证经济真正改变的是生产关系，必然将引领人类生产关系进化。对企业来说，未来每一个人都是一个销售渠道，企业不需要专门的店铺，社区就是最好的店铺；不需要另外的广告投入，口碑营销即可打开市场；不需要雇佣人员，社区成员就是最好的商业伙伴——基于通证经济，消费即送股、持证即分红，所有参与者都可成为企业股东，所有人的力量都可被集合起来共同发展企业。

共识与聚能

"商业将整个人类联系成互相依赖、休戚相关的同胞兄弟。"

通证系统最核心的创新就是"算法共识+Token",它们共同编织、构建了通证这片新土地上的法则,不仅让系统中的每一角色各有所需,更是能够让各个角色有效协作、沟通、互相依赖、生存、"永居"于同一生态。

人类曾经的两大共存机制

是什么驱动着人类祖先从黑暗森林法则中脱颖而出的?

有人说是人类的大脑,人类的祖先——智人的大脑就很发达,他们有语言、会分工、协作,有社会性和阶级性,智力远超其他物种。

然而,经济学家却从另一角度解释了是什么让人类脱颖而出——无穷的欲望。

和其他物种不同,人的欲望不可被满足且会不断迭代。

比如大多数动物只求吃饱,也只有在饥饿或被侵犯时才有攻击的欲望。人不同,肚子饿了要吃饱,吃饱了还想要吃好,吃好了会"饱暖思淫欲"。人类的生活除了柴米油盐也有琴棋书画、仁义礼智。可惜,大自然有限的资源无法满足人类无穷的欲望,因此就需要"经济"——通过优化资源配置满足人类欲望。所以,有经济学家认为,欲望就是推动经济发展的根本动力,而优化资源配置的手段就是市场机制。今天我们的社会经济也多依靠市场机制,通过商品交换满足人类大部分需求——这就是市场共识。

市场共识,让资源在市场上通过自由竞争与自由交换来实现配置的机制,也是价值规律的实现形式。

但是市场并没有这么完美,经常失灵,甚至很残酷,比如信息不对称导致的价格扭曲、品质低下等问题,市场交易成本因此变得很高。一旦市场交易成本过高,自由竞争和自由交易就会受阻,价格歧视、巨头垄断、贸易摩擦等各种问题就会产生。

此时又该怎么办?

靠计划,企业针对市场销售情况制订生产计划、国家针对国内经济情况制定经济政策——这就是决策共识。

决策共识,不通过交换来达成共识,依靠协商、共同决策来达成共识。

第二部分
链商系统

简单理解就是公司的生产、经营服从公司的决策，企业的创立、发展符合国家的政策。决策共识一定程度上弥补了市场共识的不足，可以让企业、地区、经济更好地发展。

一直以来我们也都是在市场共识和决策共识的共同作用中进行各种经济活动的。在这两个共识中，共识符号是土地、货币及由此衍生的资本、资产等，这些符号所带来的最伟大发明之一就是股份制公司，它从根本上改变了企业的组织形态，与当时的生产力、生产关系完美结合，创造了人类的商业奇迹。我们围绕这些共识符号展开经济活动，满足消费者需求，也满足自身对资源、财富的需求。

只是，市场竞争加剧、金融危机、"黑天鹅"事件、国际贸易冲突……资本、资产作为人类共识符号的阶段开始接近尾声，生产资源和要素也因互联网的出现而改变，数据正逐渐成为商业发展不可或缺的资源。以募集资金为核心的资本结构的现代公司组织方式，将逐渐被以贡献激励为核心的通证结构的新兴经济组织方式所颠覆，人类的共识及共识符号将再一次发生变革。

新的共识——算法共识

算法共识来源于区块链，有人认为它是区块链最伟大的贡献之一。但是很多人对其有误解，只是在纯技术角度对其进行解读，将其理解成一种治理机制或决策机制。

确实，PoW[1]、POOL[2]、DPoS[3]，这些算法共识都是为了解决众多不同的网络节点（诚信和不诚信）如何实现分布式记账的问题，本质上是一个共同协议的问题。除了密码学技术外，共识机制也是区块链的必要元素及核心部分，是保障区块链系统不断运行的关键。

但是算法共识的价值和含义远远不只如此，依托通证经济的算法共识会是人类第三种共识机制。

---

[1] PoW，工作量证明机制，通过评估你的工作量来决定你获得记账权的概率，工作量越大，就越有可能获得此次记账机会。

[2] POOL，验证池机制，基于传统的分布式一致性技术，加上数据验证机制，是目前行业链大范围在使用的共识机制。

[3] DPoS，委托权益证明机制，所有持有Token的用户都可以参与网络治理，投票选出若干委托节点，区块链完全由这些委托节点按照一定算法生成和维护。

1. 技术角度——算法共识是交易成本最低的共识机制

算法共识是一个 IT 问题，通过一个算法来实现和固化共识，并用开源代码来进行公示，共识的呈现结果是一个分布式共有账本和开源的算法代码。它是解决陌生或不是很熟悉的产业节点和消费者之间信任问题的基础——"你可以不信任我，但你可以相信代码"，从而大大降低市场共识和决策共识的成本。

比如智能合约，本身就可以承载市场共识和决策共识的内容，并且大大降低交易违约的可能性，促进市场共识和决策共识发挥作用。而我们要做的就是在算法共识的基础上引入市场共识和决策共识，确保分布式账本在不同节点的备份是一致的，一方面大大扩展决策共识的边界，让更多的市场节点参与到决策中，提高决策的科学性、可靠性；另一方面依靠区块链的共识机制和先进技术，形成不诚信节点存在也能够达成协议的共识算法。

另外，一个产业的痛点往往在于产业链上下游缺乏信任（信任是形成共识的基础之一），由此产生信息不对称或利益冲突。Token 通过代码实现共识，利用纯理性的算法，打造产业内普惠、透明、公平的信任，解决产业链上的核心痛点。

总之算法共识与市场共识、决策共识相互作用、相互配合：算法共识是纯理性地将共识量化，极大降低共识的构建和维护成本；市场共识维护自由公平；决策共识做到民主高效。随着区块链、通证经济的发展，它们会成为未来商业乃至未来人类共存的三大基石。

2. 要素角度——Token 成为共识符号

通证系统是通过 Token 将各利益方连接起来的，Token 是算法共识、市场共识和决策共识之间的桥梁和纽带，会是新一代共识符号。

作为通证经济体的奖励凭证，自治、自发地进行共识激励和维护。

作为权益数字凭证，可充当数据度量衡，为整个通证经济提供价值锚定的基准。

作为通证经济体的共识流通凭证，可将人脑中意识世界的形态固化，凝结到无差别的、具有共识性的数字形态中。

Token 可以是算法共识的度量衡，可以是市场共识的数字资产，可以是决策共识的权益凭证；在算法共识中实现激励价值，在市场共识中实现经济价值，在决策共识中实现权益价值。

在今天的市场共识中，生产从属于消费，未来每一件产品在生产之前都应知道它的消费者是谁，生产商比拼的也不再是价格,而是谁能和消费者形成共识,拥有一样的共识符号,并能够以算法精准满足消费者需求,基于区块链的通证经济会是一条实现路径。当每个消费者、劳动者、生产者都可以发行自己的Token,Token之间可以跨越时空自由流转时,消费方向指导生产的C2B社群经济就能落地。

3. 关系角度——建立"共识法则"

通证经济是真正的共享经济,它集合的是一群有着共同认知、信仰的人,并借由Token这个共识符号、科学算法,把以往的企业与企业、企业与消费者的关系形式,由"利益"转变为"证明"。这种"证明"可以是围绕Token提供的证明,如工作量证明、产品品质证明、数据价值证明等,也可以是大家共同认可的对Token价值指数的一个证明算法,而一个通证社群的建立往往也具备两个基础点。

是一个有效的被认可的算法共识,Token在形成的那一刻,已经是整个系统所有参与者认可的共识符号。

是一个社区生存法则,社群中的每一个人,可围绕通证所代表的产业进行讨论、协商、参与、投票和分享。

通证社群最主要的价值就是"聚能",团结大家共同做好一件事!

当然，在通证社群里，不同角色的利益诉求不一样，所建立起来的算法共识也会有差别，产业联盟节点对产业利益或关键节点有诉求，Token的持有者对价值上升有追求，用户的诉求可能更为发散……

　　因此通证系统需要找准目标用户，并洞察其需求。如果系统的目标用户是开发团队，则要以开发团队需求为核心形成Token共识符号，达成算法共识；如果系统的目标用户是产业，则Token代表的权益和算法共识需要建立在产业联盟节点的讨论碰撞上；如果系统的目标用户是消费者，算法共识和Token代表的权益和分配则需要考虑消费者的利益和诉求……这些与传统商业模式的设计非常类似，但是又有所不同，然而不管如何，它们都要兼顾各方利益，在一个通证社区自治的治理结构中形成一种平衡。

　　其实共识就是人们的认识、价值观念、想法等，在某一方面达成的一致意见。共识机制就是确定达成某种共识和维护共识的方式。随着人类社会的发展，未来人们的生存将会依赖于数据和信息构成的数字机制，市场主体在一套"自发系统"下有条不紊，生生不息。

投资与创造

"兵无常势,水无常形,能因敌变化而取胜者,谓之神。"

通证经济即将全面爆发,会有越来越多的人涌入这个市场,此时能够顺应时代而作为,便会大有作为。

最好的投资是投资未来

企业家在商海历经沉浮,投资和创造几乎是基本动作。那么,是什么让我们的投资、创造成功的呢?也许有人会说聪明才智。

这是一部分原因,但不是主要原因。

比如,正常人的智商在 100 左右,天才爱因斯坦也没达到 200,而 30 年后,AI 的智商将会是 10 000。你有听过哪个人的智商会达到 10 000 的吗?不可能!那么 AI 会投资吗?不会!AI 有成功吗?没有!

就像前文说的,人的成功或许和智商有关,但更是链商的综合作用。人类与AI最大的差别不在于智商，而在于创造力、情感、判断力……AI虽然自己不会成功，却可以帮助我们成功，智商10 000的AI是未来技术发展趋势，值得每一个人拥有——决定投资、创造能否成功的最关键要素在于我们是否懂得投资未来。成功的投资者孙正义也并没有比常人的智商高，他做的事也很简单，就是投资趋势，他投资理念中的"道天地将法"的"天"即时机，放在这个时代便是信息革命，从最初投资阿里巴巴到近几年投资物联网、无人驾驶、AI，他对趋势的把握可见一斑。

我们再来看改革开放40多年来，最先富的是谁？是敢于下海的人，他们成为中国第一代财富新贵。互联网兴起，最先富的是谁？是最先进场的人，他们成就互联网时代商业传奇——成功从来都是青睐懂得抢占先机的人！

所以，最聪明的投资是投资未来，最好的创造也是创造未来！

只是今天，传统行业供过于求，竞争日益激烈，互联网资源又被巨头所垄断，发展空间日益缩小，没资金、没资源、没人脉的我们如何突围？数字化！是的，当今是数字经济即将全面爆发的时代，数字化在经济发展中正发挥着无与伦比的优势。

目前我国数字经济总量已经跃居全球第二，增速居世界第一，而全球22%的GDP与数字经济紧密相关，发展数字经济已经成为多数国家重塑全球竞争力的共同选择，人类走进数字经济时代的步伐已经势不可当，创新型中小企业也正在迎来史上最佳发展时机。

2021年7月底，国家政策层面提出，要强化科技创新和产业链供应链韧性，加强基础研究，推动应用研究，开展补链强链专项行动，加快解决"卡脖子"难题，发展专精特新中小企业。9月初，中国证券监督管理委员会又发布消息，将"深化新三板改革"，新三板精选层与创新层公司将成为北交所上市的首选。有链商成员不禁感叹："这好像是专门为我们定制的。"

确实链商社的创立就是致力于加速中小企业成长，并推动其实现资本化。这条道路与政策指向不谋而合。我们也一直强调，今天关于投资和创造，链商最应该做的不是削尖脑袋想着如何在成熟的技术、模式领域从别人那里分抢一块蛋糕，而是把握住最新的发展趋势，学会最新的技术，乘风而上，做一次在风口起飞的"猪"，而这最新的趋势便是通证经济。

通证经济的三大投资变革

通证经济之所以能成为下一个投资机遇，就是因为它能够带来新一轮的数字经济革命，这对所有投资者而言都会是一个新风口。

1. 新资产形式——数字资产

不管是最早的虚拟数字资产，还是当今正火爆的NFT，Token一路走来自带三个特质。

特质一，金融属性，它是一种虚拟数字资产、虚拟财富，且Token能够流通、支付、兑换，是带有金融性质的。如今元宇宙爆发，虚拟财富会是虚拟世界的"通行证"。

特质二，权益属性，Token代表的也是商品权、所有权、入股权、决策权，拥有Token本质上是拥有了某一项权益，而且Token具有技术条件，也就是智能合约，每一个Token可以被打上标签，附带商业活动。

特质三，商品属性，Token本身就是商品，可以交易，更别说它可映射实际商品。

这对我们来说有什么作用呢？可以实现我们资产的数字化转化。

传统企业在资产方面通常会遇到以下问题：

资产价值低估；

资产流动性差；

资产无法直接融资；

资产信息不透明。

通证经济的出现使大部分传统企业的资产都可以转化为资产模式的 Token，让传统资产得以更有效地流通，更具透明性。我们还可以通过发行 Token 进行融资，更是可以"证股同权"。此时，Token 类似于股票、债券或衍生品，可以更好地实现企业资产流通，提前将缺乏流动性的资产变现，在降低流动性风险的同时回笼资金、盘活分散的存量资产，用于新的投资、创造。

2. 新投资空间——Token 自由投资

依托 Token 的三个独特属性，我们可以将 Token 映射商品权、股权乃至企业资产权，并在通证平台进行交易，同时依靠智能合约解决登记、转让、权益维护等一系列复杂、令人头疼的问题。而这对社区成员来说则是一次"自由"的投资机会。

比如，新三板规定，最低持有 100 万元才能成为股东，但是 Token 的灵活性让每一个人拥有自由的"入股"空间，如购买一件商品便是入股、增值，每个人都可根据自身情况，决定拥有多少 Token，从而确定自己的权益和数字资产。

再比如，普通人想凭 1 万元当天使投资人在现实中可谓痴人说梦，天使投资一般至少要 1000 万元。可是他们凭什么不能当企业的天使投资人？而对企业来说，获得天使投资并非那么容易，想通过普通人集齐 1000 万元资金，就得有 1000 人（假设人均投资 1 万元），这已属于非法集资。但是通证经济让金融平权，每个人不管是亿万富翁还是普通人，在享受商品和服务时，都有同等的投资机会和权利。

今天，全球范围内，金融行业已经全面迎来数字资产化时代，在区块链技术的推动下，传统的 IPO 优势在新金融领域已经荡然无存，通证经济已经成为下一个风口，孵化出越来越多的、流动性更强的数字资产，这会让我们的投资、创造更具灵活性。

3. 新创造方式——价值创造

这一点前文已经谈到，这里再啰唆一句：对比股权制度，通证把金融属性和商品属性融合在一起，能使我们的商业表达变得更加灵活、个性。通证经济实行之后，可以实现真正的安全功能，它将激励机制、利益机制完整相通，且随着监管的日益完善，将全面激发社群全体成员的力量，从而共同发展企业、创造价值。

如果说，在全球经济增长乏力的情形下，数字经济被视为推动模式变革、效率变革和动力变革的加速器，撬动经济发展的新杠杆；那么，在竞争日益激烈，上升空间日益狭窄的市场局面下，通证经济则会是投资和创造的最强动力，会是驱动企业数字化重塑的便捷途径。通证经济将成为大势，此时，我们最需要的是紧跟时代趋势，把握核心关键点，精准切入，不妄自菲薄，也不急躁不安。

第三部分
链商变量

  链商是新时代身份，是新数字能力，也是一场商业和人生的修行：在商业中修行，链接价值，全然合一；在人生中修行，利他修善，坚定从容；在时代中修行，具备胸怀和格局，不迷不惑——外修于行，内修于心，从而形成看透本质、豁达淡然的商业和人生智慧，链通关系，链富人生，链和未来。

07 链通关系
——五大关系链接

链接了什么

"兵无常势,水无常形。"

虽是如此,但有些东西是不会改变的,它们生根在人类社会,植入我们的认知、情感和灵魂……

数字化链通时代的到来

数字经济是什么,这是我们每个人,不管是不是 IT 从业者都要去面对思考的,它关乎我们未来的商业、切实利益,以及未来的财富梦想。

不过大部分书籍、报道包括我们自身,在谈论数字经济时谈论的几乎都是每隔两三年就爆发的新概念,其实这些用"7 大新兴技术——5IABCDE"就可以概括:5G(第五代移动通信技术)+ IoT(物联网)+ AI(人工智能)+ Blockchain(区块链)+ Cloud(云计算)+ Data(大数据)+ Edge(边缘计算)。说到底这些都是数字技术手段,是数字经济基础,需要我们关注了解。

但是,如果我们只是热衷于追求新技术,而不懂得从我们自身的角度,来看待这些技术,那将是本末倒置的。更何况,这10年来,新技术概念爆发和更新这么快,可能今天是"7大新兴技术",明天就是"8大新兴技术",盲目追赶终会令我们眼花缭乱,无所适从。

所以,不要就技术而谈技术,技术的潮流永远是追赶不完的,适合我们的才是最重要的;也不要纯商业地谈技术,技术的发展不仅成就我们的物质财富,还应该成就人生财富。我们要回归自我,看到数字技术正在为我们开启一个链通时代。

区块链,去中心化、去信任化,构建的是一个全新的网络,让我们可以更好地协作,它链通的是人和人的关系。

物联网,是互联网、传统电信网等的信息承载体,让所有能行使独立功能的普通物体实现互联互通,它好比是我们新的眼耳鼻舌,实现物与物、物与人的连接,实现对物品和过程的智能化感知、识别和管理,它链通的是人与物的关系。

AI在新冠肺炎疫情防控中作用显现,AI算法能大大缩短病毒基因全序列对比的时间,人脸识别等技术能够及时发现疑似病例并开展流行病学调查,一方面帮我们更好地战胜自然"黑天鹅",另一方面也让我们对自然有着更多的反思

第三部分 链商变量

和敬畏，它链通的是人与自然的关系。

Token引发的通证经济可以忠实地记录每个个体乃至整个人类社会的活动，用数据和算法去信任化，每个人都可以与外界有着无数个连接点，并用Token绑定自己的行为，智能合约、共识机制能够让贪婪、懒惰、无知等人性的弱点得到自然克制，从而更好地维系社会稳定发展，它链通的是人与社会的关系。

这些技术都是时代发展大势，都是人类社会发展的必然——"天"，链通的是人与天的关系。

在这样的链通时代，改变的不仅有生产关系，也有"你"的关系。

你与天的关系，你与物的关系，你与人的关系，你与自然的关系，你与社会的关系。

技术只是手段，你的人生由你链通的关系决定，而这便是链商的另一层含义——链通关系（见图7-1）！

图7-1 链商：链通五大关系

链通关系，成就美好人生

不管人类社会如何发展，人的一生都有两个非常重要的东西——财富和幸福。财富是获得其他事物的有效手段，幸福则是最高目的和人生价值的终极追求。

但是在当今财富日益增长的同时，人们的幸福感却没有同步增加，甚至出现了降低的情况，这不禁令人深思。今天的链通时代，不管是在社交网络还是元宇宙，抑或是通证系统中，人与人、人与物的相处模式都在发生变化。也许数字关系即使再错综复杂，总有被捋顺的那一天。可是人的关系呢？利益纠葛、千变万化，我们该如何经营？我们又怎么通过冷冰冰的网络、数字获得财富和幸福呢？

很经济地说，你的人生财富由你的关系决定。

斯坦福大学研究中心经过调查研究发现：一个人赚的钱，12.5%来自知识，87.5%来自人脉。

这很好理解。比如链商社，链商社搭建的只是一个技术平台或"知识阵地"，而每一个链商获得财富的关键就在于链商间的合作共赢，链商社在其中不过是一个连接媒介。换句话说，为什么那么多人奔着链商社来？除了链商社自身前瞻性的魅力外，我们相信很多人就是看中了其中的人

第三部分
链商变量

脉资源，毕竟技术可以学、可以买，但是合作商却不那么容易认识。而当大家通过链商社结成一个利益共同体之时，便是发挥各自优势做蛋糕之际，又何愁不能把蛋糕做大？

很哲学地说，你的人生幸福不仅取决于自己，也受他人影响。

什么叫幸福？就是人的良好感觉。自然界中动物的良好感觉就是吃饱不饿，人的良好感觉就绝不仅限于食物充足了，因为人类基本解决了食物问题。人的良好感觉还有精神层面的愉悦，发展就是在追求这种愉悦。而不管是发展还是愉悦本身都离不开关系，比如家人的爱、别人的尊重、社会的认可、自我信仰的践行等。

所以，屏幕不能成为阻隔我们关系的冰冷屏障，技术也不仅仅是打破物理时空界限、实现万物互联的手段。链通时代，我们应当重新审视自身与天、与人、与物、与自然、与社会的关系，以开放、包容的心态链接一切，成就更富有、幸福的人生。

天：天时 & 天和

"先天而天弗违，后天而奉天时。"

无论当下的你拥有多少成就和光芒，若不想被潮流打败，就一定要时刻顺应天时之势，顺势而为！

天时之势

"天"是什么？首先是天时！

那天时又是什么？很多人会将其与自然和天道挂钩，会理解为自然运行的时序，天道运行的规律。

这样的理解当然没错。只是人类社会发展至今，科技的力量正在让人类的生产日益摆脱自然时序的束缚，而天道的概念又太过宏大、缥缈，令人难以捉摸。所以，今天我们应当重新定义和认识天时。

第三部分 链商变量

1. 天时就是宜于做某件事的时代背景和条件

比尔·盖茨创立微软，连续13年成为《福布斯》全球富翁榜首富，是因为他站上了信息时代个人电脑普及的大趋势风口；马云统领"十八罗汉"于商海披荆斩棘，成就阿里巴巴商业传奇，则借助了中国互联网飞速兴起的东风……

人类经济发展迈向数字经济时代，围绕商业生产展开的技术创新应用、基于数字技术诞生的商业新业态、被技术改写的人类生产关系——这些便是天时，是时代赋予链商的发展背景和条件。而我们要做的便是顺势而为，汲取时代的"势能"。

2. 天时具备时代"势能"

"势"是中国传统文化哲学思想的智慧结晶，《孙子兵法》有云："转圆石于千仞之山者，势也。""势"是由各种因素组合而成的能量聚合体，在很大程度上会影响事物的成长空间和发展态势，行业大势、政策形势、资源变势、产品优势……这些都是"势"。

"势"赋予我们能量，我们借势、顺势、造势而为，便拥有了"势能"。

"势"也有大小。

"大势"是时代带来的,是整个人类的发展进程,如从互联网经济走向数字经济,这便是今天最大的"势"。

"小势"依附于大势,如时代背景下各行各业的行业发展前景,新常态及国家政策刺激下的创业新机会。

而将"势"转变为"势能"的是我们个人对天时及商业的定位:一般商人运用"小势"行商,如直击消费痛点,满足市场刚需;优秀企业家运用"大势"行商,如顺应数字技术的发展和人类数字化进程;链商则将"大势"和"小势"融会贯通,基于势能的力量做到"天和"——这便是"天"的另一层含义。

天和之境

时代趋势独立于我们的意志之外,是人类社会发展的必然,是不断运动变化的,不同的时代也有着明显的时代特征。

随着时间的推移,当明显的时代特征显现时,我们便会面临千载难逢的时代机遇,它对于每一个人来说都是激动人心的"风口",同时机遇与挑战并存,比如新千年的互联网发展机遇和互联网泡沫,今天的区块链广阔的应用前景和应用落地难关。但是天地间万事万物,总是冲突又融合,我们可以集"天时 – 地利 – 人和"达成"天和"。

天和是多方资源和力量的结合,有三个要素或条件——天时、地利、人和,自古以来,人们想要办成一件事,也必须符合这三个条件。

天和是一种境界,通过天和的策略,拥抱时代,融入时代,与时代发展同频共振,自然、和顺地实现人生价值,从而全然地享受这个时代、超脱这个时代。

比如,你立足当今时代技术特点,公司准确切入一个新兴的、高增长的、渗透率不断提升的领域,这便是得天时;如果你在这一领域还有一些外部资源可以撬动,能够好风凭借力,直上青云端,这便是得地利;如果你的公司还能汇聚领域英才,知人善任,合作共赢,甚至与他们成为拥有共同利益和理想的共同体,这便是得人和。可以说,一个企业结合多方资源和力量,将这股力量的价值发挥到最大,便是得"天和"。

当你的企业在某一领域达到一定的层次或高度时,此时你眼中的时代图景又将历经一次大变化,你眼中所见是更大、更新的时代趋势,你可以未雨绸缪或投资未来,去下一盘更大的棋,做一个更大的蛋糕。最现实的例子,就是每一次技术的爆发,比如区块链、物联网,最先行动的往往是大企业或知名企业,因为它们已经站上更高的层次,更具备时代信息力,更敏捷且更有实力。

同样,我们的人生也是如此,历经商海沉浮、时代洗礼,我们的心境也要随之成长,不在时代的洪流中沉沦、迷失,不因时代变化生出焦虑不安。

那么,如何抓住天时,达到天和之境呢?

三个时代动作

其实上面所说的道理很多人都明白,他们也都梦想着做更大的事业,实现自己的人生抱负,但是往往不知道该怎么做,因为没有方向,没有足够的底气,认为自己经营的只是小企业。今天在这里我们要告诉他们:实际上只需完成以下三个时代动作,便能拥抱这个时代。

1. 汲取时代红利

一个时代能够赋予我们的最大势能便是时代红利。

新中国第一批富起来的人抓住的是改革开放红利;"中国制造"的崛起依托中国的人口红利;互联网行业一度成

第三部分
链商变量

为香饽饽，并诞生独角兽公司，靠的是流量红利……任何时代都具备时代红利，今天时代赋予我们的红利便是数字经济，是区块链、物联网，是通证化、数字化转型。因此，要敢于尝试新事物，保持对数字技术的高度敏锐嗅觉；永远走在最前面，即便不能也要看到最前面的风景；大胆想象下一个时代红利。

我们创办链商社其实就是追赶数字经济潮流，但它的价值不仅仅在于追赶潮流，它会是链商这个新物种的互助平台。它将颠覆传统的合作模式，链接最新的商业模式，实现大家意识层面的突破，并给予商业策略、人生价值方面的指导，让大家在未来拥有更大的商业能量，得到人生的满足与幸福。

2. 顺势而非逆势

我们经常说企业家每天必做的十件事里，第一件事就是看新闻联播。为什么？本质就是要知道"势"在哪里。

"势"有顺势、逆势之别。抓天时，实现天和，便是要顺势而为。顺势而为并非一句空话，它是商业超车最好的加速器，没有这个加速器，想要实现资源的重新分配，获得商业的成功非常不易。

任何的"势"刚显现的时候都有两个特点。

其一，没有规范，所以充满各种可能性；其二，有一个红利期，可以以小博大。

正是这两个特点，决定了在红利期有所收获的往往是初创型或提早入场的企业。如区块链2.0，ICO乱象横生，但是经过政府的市场整顿，人们理性回归，中国的BAT、美国的FLAG[⊖]纷纷入局。

机会不是运气，只有对时局、趋势深度思考才能发现并把握机会。多数人只是被动地利用机会，只有少数创业者、企业家会在深入思考后做出正确的选择。而链商社便是要打破这样的"少数"，让更多的企业家有这样的时代意识，主动利用"势"，而不是随波逐流。

3. 起心动念

如果说汲取时代红利是把目光对外，那么顺势而为则是把目光对内，认清自己的位置，如自己的能力、资源、关系等。认清之后，起心动念定位自身位置，然后拥有豁达的心态。

那么，起什么心?动什么念?

起链商之心，站得足够高，将自己以及从事的行业放

⊖ FLAG即Facebook、LinkedIn、Amazon、Google。

置于时代的舞台上。

看得足够远,洞察未来十年乃至更长时间的世界发展趋势。

想得足够深,思考自己能够为企业、社会带来什么。

这样便是在更高维度认清自身,确定目标,再思考如何利用天时帮助自己达成目标。每一个人都可以比自己想象得更有远见、勇气和力量。

心态豁达则功成不居,将功劳都给所用之人,这是一种博大而淡然的胸襟,也是当今我们必备的一种合作理念,正所谓"夫唯弗居,是以不去"。

商业、人生根植于时代,时代是财富之源,紧跟时代,勇立潮头,赤诚闯荡……有多少可能性,我们就要有多少种追梦的姿态。不同的姿态,都要折射同样向上的时代力量:不是随波逐流,而是在推动时代前进的过程中,绽放自己的人生;不是逆流而动、我行我素,而是从时代中汲取营养,顺势而为,活出真正的自我。

人：一度 & 六度人脉

"造人先于造物。"

商业建立在关系的基础上，关系又以共同需求为出发点，需求又由情感而来——这一切都由人际（人脉）来连接。

商业与关系，人脉与发展

很有意思，如果要从西方商业管理文章、书籍中找出一个中文词汇的话，那一定是关系。它最早出现在20世纪80年代"如何在中国做生意"这类文章中，随后西方有大量的文章、书籍探讨"关系"与一些西方现代管理理念之间的联系，"关系"也被定义为决定跨国公司在华经营成败的重要因素。

确实，斯坦福大学研究中心经过调查研究发现：一个人赚的钱，12.5% 来自知识，87.5% 来自人脉。

第三部分
链商变量

那么究竟什么是关系呢?

对关系的传统解释就是人与人之间的交往联系,站在商业角度便是利用个人所拥有的人际资源以谋求商业上的发展或利益。随着技术的发展、社会的进步,资源和信息将越来越透明,流程将越来越简便,这样的"老关系"会慢慢被时代淘汰。所以我们应当用新的眼光来看待关系及关系的意义。

在人际关系思想的演进中,我们比较认同戴维斯在《商业中的人际关系》一书中对人际关系的定义:用令其在经济、心理和社会价值方面感到满意的方式,激励人们有效而协同地共同工作,从而使不同的人在工作环境中结合成一个整体。

这个"整体"我们认为就是人脉。商业做的就是人的生意,合作伙伴、消费关系、跨界融合、体验营销……本质连接的都是人与人的关系,构建的是人与人的关系网络。

然而人脉的含义不仅仅如此。

举个最简单的例子。你是做食品行业的,你的关系圈可能是食品加工厂、超市、零售店,你所能到达的领域可能只有食品行业那么大。但是当你成为链商,通过链商社,你认识了IT行业的人(拓展了人脉),知道了最新的技术趋势,你可以引入先进的管理技术、管理理念,你可以改变自身的经营模式，甚至直接投资新技术、新领域。此时你所能到达的领域有两个，一个是自身行业的新领域，另一个是全新行业领域。而链商社在其中的作用就像上面所说的，帮助"不同的人在工作环境中结合成一个整体"。当然你更是可以通过自己的人脉去构建这样的一个整体。

其实人脉的重要性，很多人心里都明白，也都有着深切的感受，甚至有人会直接感慨："做生意就是做人。"因此我们不会在这里重复它的重要性，只是提醒大家时代在发展，今天我们的人际关系和社会关系都发生了很微妙的变化，这就需要我们以新的眼光制定新的人脉策略。

新人脉策略

伴随着移动互联网时代的到来、数字经济的发展，每个人的各种关系由线下逐渐转移到线上，社交软件、新型社群（如通证社群、区块链论坛）等都可以帮助大家快速充实自己的人脉网络，社交形式和地点发生了改变，我们已经从电话本时代的几十个、上百个人脉关系上升到了现在微信、微博上几百万个甚至几千万个的人脉往来。

那么，什么是最重要的商业人脉，我们又该怎样做出新的突破呢？

1. 人脉的"六度"之分——维护好"二度"人脉

人脉有"度数"之分，一度人脉是你的亲人、朋友等，二度人脉是他们的朋友，三度人脉是他们朋友的朋友，以此类推便有四度、五度、六度人脉（一度人脉的重要性也不言而喻）。

很多人都听过"六度分隔"理论，意思是排除极端情况，比如小孩，对已经进入社会的人来说，大部分人都可通过六个人来认识世界上的任何一个人。

比如你想结交马化腾，你先找了自己的朋友，然后你的朋友再找自己的朋友，以此类推，这一过程包含上百个"中间人"。最终在这无限扩张的"寻找网络"中，你可能只需要通过六个人就能联系到马化腾。这六个人分别是你的一度人脉——朋友，二度人脉——朋友的朋友，三度人脉——朋友的朋友的朋友……直到六度人脉。

在这个过程中，你发现什么问题了吗？

第一，"劳师动众"，在今天这种做法已经不适用了，因为你可以通过网络直接联系马化腾。随着技术的发展，我们已经逐渐进入数字化生存模式，通过网络，人和人之间联系的紧密程度远高于之前。也就是说，你想认识一个人，"六"这个维度都算多了，你甚至可以"零维度"去认识一个人。

第二，"重重人关"找到马化腾后，你就能和他成为朋友了吗？显然不太现实。你会和朋友的朋友成为朋友，但是四度以上的人脉对我们来说好比八竿子打不着的亲戚，挨不着边。

有效联结才叫人脉，所以二度人脉才是真正的人脉。在我们的关系网络中，潜藏的真正有价值的人脉是二度人脉，也就是你的朋友认识谁。你也更愿意和朋友的朋友建立友谊合作。而在你和二度人脉之间，一度人脉是地基，是润滑剂，是信用背书。

比如那么多人是怎么加入链商社的？都是朋友推荐的。A推荐B，B加入链商社后便认识了A的朋友C、D，C、D出于对A的信任便会接纳B。而一旦有合作机会，相比于其他人，B和C、D之间自然更容易建立合作。再如两个企业家如果都来自链商社，都认识链商社里的某人，顿时就会生出亲近感。

其实，对于每一个链商来说，链商社都是大家的一度人脉，背后的链商都会是大家的二度人脉。链商社要做的便是让每一个链商都有一个可信的、可靠的合作平台，缔结一个强大的、有效的人际网络,从而结成一个商业整体谋求共同发展。

所以,不需要浪费太多的时间和精力,专心经营自己的一度人脉、二度人脉便能带给自己极大的奇迹。

2. 让人脉财富化

人与人的关系是一个永久的大话题,很多人非常注重自己的人脉,因为有效的人脉意味着合作、互助、能力,通过合理的交换让人脉资源流动起来可以创造更大的财富。良性地利用人脉并不功利,自古以来,强强联合、英雄相惜都是美谈——这也是最大限度挖掘二度人脉红利。

那么,如何做呢?

建立有效的"人脉库"!

很多人会觉得这很简单,通过关系网络计算就可以完成,比如用某一社交软件梳理自己的人脉关系,建立自己的"人脉库"。然而很多社交软件存在着缺陷,要么让生活和工作掺杂在一起,颇为不便,甚至泄露隐私,要么平台受众少,大家不在一个平台上难以管理。

其实有效的"人脉库"构建,并不是一般社交软件上那样单纯地收录联系人,它构建的是一度和二度人脉的"整体",有两个核心点。

一个是人,就是真实身份。

一个是脉,就是资源业务、商业机会。

掌握了这两点,才有合作共赢的可能,才有可能将人脉"财富化"。

以链商社为例。

这几年市场竞争加剧,传统企业都在数字化升级的路上,链商社帮助大家完成数字化,并充分链接人(链商)、物(资源、资金)、技术、业务。其中链商是最能发挥新作用的主体,也是链商社成功的重要因素,链商社的每个成员都有真实身份,并有链商社做信用背书。

链商社要做的不仅仅是把链商变成好友(这微信就可以做到),更是要把好友变成人脉,让大家都以真实身份交流,加强链商与链商、企业与企业之间关系资源的串联,打造以人、企业、资源业务为核心的全新商业社交生态,从而降低合作协同的成本,增加经济效益,真正帮助企业实现全面拥抱数字经济的目的。也就是说在商务场景中,通过链商社,链商可以快速准确地了解合作伙伴或潜在合作伙伴,人脉资源能在专业的运营中发挥应有的价值。

随着数字技术的快速渗透,信息会变得越来越透明,但由于关联的范围越来越大,商业的对抗性竞争已然不会再如工业社会时那般有效,理性的企业家必然向链商演化,

第三部分　链商变量

与他人有效合作、平等协作才能获得互利共赢的生存空间。

今天,在整个社会关系升级变革的背景下,链商社在给大家提供数字化服务的同时,也能够为大家的成功添砖加瓦。

自然：对立 & 统一

"人只有按照自然所启示的经验来生活。"

利用新技术，将经济系统镶嵌到自然系统之中，不仅仅是索取，也是要尊重和呵护。

人、自然和经济学

也许今天提到自然，很多人会不以为意地笑笑：自然已经影响不了人类了，人类已经战胜自然。

"最初，没有人在意这场灾难。这不过是一场山火，一次旱灾，一个物种的灭绝，一座城市的消失。直到这场灾难和每个人息息相关。"这是电影《流浪地球》中的台词，没人想到它在 2020 年几乎变成现实，直至今日我们依然生活在后疫情时代。

人是自然的一分子，要依赖自然生活。从古至今，人们对待经济发展和自然环境的态度一直是不断变化的。

第三部分
链商变量

早期人类一度敬畏自然、崇拜自然、神化自然，以一种仰视的态度看待自然，同时生活遵循自然规律，被自然支配。

随着人类的智慧增加，对自然的了解加深，人类开始摆脱自然的"统治"，开始支配、利用和控制自然，如提高生产力，以更快捷、便利的方式获取更多的资源，将资源用于我们的生产、生活，或用于交换，互通有无。

就像前文说的，动物吃饱就行，但是人会想着吃好，也就是人有欲望，而自然界提供的资源相对有限，由此产生稀缺性。

比如，一个渔村，大自然赋予村里人的是丰富的渔业资源，然而大家吃够了鱼，想吃肉，可是渔村并不产肉，肉就是渔村的稀缺资源。

此时怎么办？

人类必须通过劳动生产或交换获得想要的东西，同时会去思考如何用较少的付出，获得最大的收益。渔村的人用鱼去附近的猎户那里换肉（鱼对猎户来说也是稀缺资源），于是交易就产生了。在交易的过程中，渔村的人会想着如何用更少的鱼换更多的肉，猎户则会想着如何用更少的肉换更多的鱼。其实今天我们的商业也是如此，我们手握别人的稀缺资源换取自身的稀缺资源或利益。资源稀缺是经济学大厦的基础，一直是经济学研究的主题。如果资源不稀缺，比如空气，可无限量供应，则没有人会去做空气生意。

　　在一定程度上，经济也体现着人的欲望和劣根性。人活着就要消耗各种资源，自然资源总量是有限的，但人的欲望是无限的。于是，为了抢夺资源人类会使用多种方法，如封建社会，人们为了占有更多的土地和劳动力资源，不断用冲突或战争手段实现利益最大化；工业社会，人们学会了用机器代替人力和畜力，通过竞相改进生产方式和抢占市场的办法来占有更多的资源……

　　这个过程就是人的需求变化所带来的商业演变，我们似乎越来越倾向于索取、掠夺，忽视了一些人与自然关系的基本问题，导致在自身发展的道路上面临很多困惑。

　　此时，我们必须学会用对立统一的观点去解释、看待这些问题，从而更加清晰地认识到人与自然的本质关系。

人与自然的和解之道

　　今天人类的生产力已经发展到一定的阶段，人与自然的关系更为复杂：一方面，我们享受着自然的鸟语花香，陶冶情操，获得感悟；另一方面，我们的大环境面临越来越多的挑战，如资源短缺、环境持续恶化、气候异常……面对这些问题，我们不得不重新审视人与自然的关系。

1. 了解人与自然的一体性

随着人类技术的进步、社会的发展，很多人会认为人类征服自然、改造自然的能力不断变强，不自觉地把自己摆放在自然的对立面。其实恩格斯早就为我们明确指出："我们连同我们的肉、血和头脑都是属于自然界和存在于自然界之中的。"㊀

了解人与自然的一体性，能够帮助我们正确定位与自然的关系。

我们并非生活在自然之外，更不是凌驾于自然之上，要对自然始终有着敬畏之心。

我们对自然的任何改造都会直接或间接地影响到我们自身，我们改造自然的范围、方式和程度应当有自我约束。

随着人类技术的发展，我们应当学会认识并应控制那些由我们最常见的生产行为所引起的自然后果。我们也可

㊀ 中共中央马克思恩格斯列宁斯大林著作编译局.马克思恩格斯选集：第四卷[M].2版.北京：人民出版社，1995：384.

以力所能及地做些什么，往小了说就是少用塑料袋、不吃野生动物、不乱扔垃圾，往大了说就是积极拥抱新能源，遵守环保法，采用节能设备……我们每个人都应该为自然做点什么。

2. 奥秘藏在生存与生活中

生活是我们活着的全部，但是生活不等于生存，生活是人独有的生存方式，"人们的存在就是他们现实生活的过程"，而生存是一切生命存在的方式。然而，生存是基础，生活却是有追求和欲望的。一旦有了欲望便如前文所说，人便容易站在自然的对立面，因为自然有限的资源很大程度上只能保证生命的生存，食物链、生态圈莫不如此。

因此，人与自然关系的本质还是在于人的生存与生活问题，剖析我们的生活才能找到满意的答案，就像名人说的那样，"我们不是在研究小事，我们在研究我们应当如何生活"。

那我们应当如何生活？

我们的生活应当以生存为先，即保证生存、限制享受、合理发展。这是人的合理的生活，也是人与自然和谐相处的基本原则。至于享受和发展，只要对全人类当前与未来利益无害，又不会对自然环境产生影响，那就都是可以的。

当然，随着人类技术的发展，我们可以在线上满足自己的欲望。如在元宇宙的虚拟世界中，我们可以创造一切物品，这些物品都是0和1的排列组合，生产这些物品不消耗除电力之外的任何东西，而且任何一件物品在理论上都可以被无限复制且不增加成本。可以预见，数字经济将会为我们打开一扇全新的生活之门，我们应当用其经营起一种节约的、可持续的生活方式。

3. 构建生态文明

如今国家强调生态文明建设。

何谓生态文明？

生态文明以人的发展活动与自然和谐共生为主要特征，在与自然可持续发展规律、自然周期恢复规律等的反复对立与统一中，维护人类代际公平，让生态、生态产业与生态文化都达到最高效、最低耗的理想水平，最终实现人与自然、人与环境、人与资源的和谐统一。

生态文明是人类文明发展的一个新阶段，也是数字经济发展的目标，与我们息息相关。

比如生态产业，它是对传统产业的继承和发展，但是不同于传统产业，它要求将生产、流通、消费、回收、环境保护及能力建设深度结合，通证经济模式便可以实现这一点。

相信随着技术的发展,我们必然能将生产与环境纳入统一系统,人与人、行业与行业、人与自然、行业与自然都会形成一个共生网络,从而实现产业生态化。

总的来说,人与自然的对立不会消除,我们要正确认识这种对立并努力实现与自然的统一,坚持人与自然和谐共生。也只有自然生生不息,人类才得以持续发展。

社会：需要 & 发展

"他所追求的是个人的利益，而在这一点上就像在其他地方一样，却被一只看不见的手牵着去促进一个他全然无意追求的目的。"

这句话何解？个人的发展离不开社会，也许你觉得自己是在追求个人利益，但是实际上你也在促进社会的利益。这一点以前你可能意识不到，但今天你必须意识到！

经济人→社会人→社会企业

古典经济学提出过一个经济人假设：

假定人思考和行为都是目标理性的，唯一试图获得的经济好处就是物质性补偿的最大化。

简单理解就是人具有完全的理性，都以最大利润、最小成本为标准进行判断、选择，只是在人类不同发展时期有着不同的表现形式。农业时代奉行"族群理性"，每个人都被要求实现封建家族利益最大化；工业时代奉行"个人理性"，形成了最大限度获得物质财富的经济规则。

也许这个假设有着一定的道理和作用，比如加强了人们对效率的关注、促进科学管理体制的建立，但是它以享乐主义哲学为基础，把人当作天生懒惰而不喜欢工作的"自然人"，这与马克思主义"人是社会的人，人的本质是社会关系综合"的观点是对立的，已经不符合当今时代的发展。

数字经济时代，倡导"协同、互利、普惠"的互联网精神，人类正在摆脱"个人理性"，进入一个平等合作、关联互利的"社会理性"阶段。因为信息网络创造了平等、互利、日益透明的条件，一个企业的成功必须建立在相关企业也要成功的基础之上。

因此，现在的观点已经变了，有人称为"社会人假设"：人是社会人，人是现实的人，人应该考虑到协商、和解、双赢。

与此同时，全球知名公司德勤曾提出一个"社会企业"概念。

随着与外部因素的接触增加，传统企业正在演变成社会企业，不断地增加协作与内部整合。

企业通过提高协作程度及内部敏捷性，传统运作模式正

第三部分
链商变量

在演变成交响乐团式的团队网络运作模式。

这说明不管是从内部员工的角度还是从消费者、政府及其他利益相关的外围因素的角度，大家都已经意识到企业不能再以单纯的财务表现来评估自身行为，应该在此之外，通过企业对社会产生的影响判断企业的价值以及未来增长的潜力。

在这个过程中，我们无法忽视互联网及新技术的力量，以及它们给整个社会带来的革新。

互联网技术让大家参与解决社会问题几乎没有了门槛，这高度释放了人类本性中的"参与性诉求"，比如购物时商家承诺将一定比例的销售额用于公益等。其中技术变革是"明线"，需求变化是"暗线"，而人类需求的增加则是商业发展的底层逻辑，其实就是前文提到的资源稀缺是经济学大厦的基础。而社会公众的诉求对商业社会决策的影响逐渐增强，最终影响企业决策，并将在未来很长一段时间内持续发挥作用。

因此，不管是从社会人角度还是社会企业角度，全球范围内的社会意识整体觉醒已经成为趋势，企业的发展要趋于解决社会问题，我们也要重新思考自身的定位。

新定位链通社会

今天的社会问题被重新解释为商业问题，为什么？

千百年来，建设一个和平、平等、幸福的家园一直是全人类共同的梦想。为了实现这个梦想，诞生了大量的社会理论，也进行了残酷的斗争实践，人类才从茹毛饮血的原始社会一步步走到今天富足而文明的社会。

今天这个梦想实现了吗？

贫富差距扩大、人口老龄化……社会问题依旧层出不穷。其实这些问题本质上是资源占有、需求满足、利益分配的问题，面对这些问题，商业具备解决这些问题的动机、资本和方式。

比如需求的满足。

商业的缘起就是满足需求，商业的驱动因素就是人的欲望、资源的稀缺，满足人类多样化的生活需求是商业存在的价值。商业发展，技术革新，生产力提高，供给侧的变化基本满足了人类的生活及生产需求，新需求也正在推动商业的新变革。今天人们对物质本身的功能性诉求得到满足后，开始渴望表达出自身价值，实现自我追求，企业便通过组合自身资源，进行品牌建设来彰显消费者的个性、地位、价值。

再如资源的占有和分配问题。

传统的生产资料是土地、厂房、机器设备、原料等,长期以来大多被中心化组织拥有、垄断。今天,数字经济快速发展,一方面数据、平台、技术正在成为新的生产资料,另一方面新的经济形式——通证经济可以改变资源占有方式及分配机制。

通证经济可将技术、数据、土地、原料等新旧生产资料通证化、资本化,将这些生产资料的所有权广泛地分布在社区成员的手里,而社区成员结成利益共同体,风险共担、利益共享。有了一个可信的人群环境和分配机制,社会发展内涵和运行机制也会重新得到设计。

所以,在当下,我们需要沉稳下来,好好研究自身及企业的价值,重新定义自身及企业的社会定位。

1. 放大格局,做"社会人"

人是社会性动物,人身上的任何一种现象都和社会有关系。哲学上有一个整体和个体的辩证关系:

个体的性质由整体的性质决定,个体的性质反作用于整体的性质。

简单理解就是,社会成就个人,个人影响社会,社会幸福个人就幸福。

　　幸福很大程度上来自社会公平和善良带来的身心愉悦。一个社会公平、善良程度高，整个社会的幸福度就高，个人就越幸福。而整个社会的幸福，需要靠每一个人的努力，当你履行社会责任、担当社会使命，便是在传递着幸福，这股幸福能量和其他人的幸福能量链接，进而提升整个社会的幸福感。而当今社会人的行事准则便是前文所提到的"协同、互利、普惠"，将自身置于一个合作的社会大环境中，汲取社会的力量成就自己，让自己也为社会贡献一份力量。

　　这一切就像皮佑所说的那样："社会的目的在于尽可能地给它自己每个成员以必要的福利，保证每个成员能够满足自己真正的需要，而每个成员对社会应尽的义务则是为大众福利贡献自己的全部能力，以报答自己所获得的福利。"

　　所以，格局放大些，以整个的社会角度来思考自身的作用和价值，而不仅仅局限于欲望和眼前的利益，从而让自己变得更好，也让我们栖居的这个社会变得更好。

2. 让商业链通社会，做"社会企业"

　　如果你关注企业新闻，一定会发现很多大企业一直在强调自己的可持续发展规划、商业道德等，甚至广告公司、

第三部分
链商变量

公关公司都在无数次地提到"社会责任""可持续发展"这些词。

这是作秀吗?

不是!背后真正的原因是企业整体意识和认知的改变:

在社会层面思考企业的价值不是在小范围内自娱自乐,而是连接全社会的共识;寻求的是长远的发展,而非单纯、狭隘地寻找认同。

我们应当审视以下几点。

在当今社会环境压力下,如何将企业社会责任和产品、业务形态统一和谐发展。

在新一代消费诉求下,如何洞察需求、调整业务及品牌策略。

在多变的社会趋势中,如何看待更长远的企业战略。

在政策对企业社会责任的高要求下,如何制定自身的可持续发展规划。

……………

社会意识浪潮袭来,商业能够成为一股强大的力量推动社会进步,商业和社会必然共生共荣。

你自己:全然合一

"人的本质并不是单个人所固有的抽象物,在其现实性上,它是一切社会关系的总和。"

与天的关系,与人的关系,与自然的关系,与社会的关系,你是唯一的"连接点"——连接一切,你也是最有价值的"能量体"——多元包容、互利共生。

"关系轴心"和迷茫时代

《道德经》有云:"天地不仁,以万物为刍狗。"

很多人对此的理解是"天道无情",似乎万物只能匍匐于天地之间以求生存。其实老子并不是要陈述天地的伟大,让万物疯狂地崇敬,而是追求人与天地、人与自然的和谐相处。

这里面有两个客观前提。

我们生活在优胜劣汰、适者生存的"残酷"法则之中,

第三部分 链商变量

这是天地规律。

天地公平，不管万物变成什么样，那是由于万物自己的行为，天地只会顺其自然。

在这两个前提下，我们该如何行事？

老子以风箱的比喻做了这样的阐述："天地之间，其犹橐籥乎！虚而不屈，动而愈出。"风箱在不停地运作着，但是在这个过程中，风箱中间的"轴"却总是保持着自身位置的相对稳定。同样，其他事物也都有自身的"轴心"，而这个"轴心"是相对稳定的，找到了这个"轴心"就找到了事物的本质。

在天、人、物、自然、社会的关系中，"轴心"是什么？"轴心"就是你，你连接着身边一切事物，身边的一切关系也以你为轴心运转，并在你身上产生作用。

那么，你该如何推动这些关系运转？或者说你又该如何更好地维系这一系列关系的良好运转？

回答这个问题前，先看我们是如何生活的。

出行可以靠网约车，吃饭可以靠外卖，购物可以通过电商平台……通过手机，我们可以向数字世界发出各种请求，从而调度物理世界的资源为我们所用。手机是我们进入数字世界的一个窗口，我们正生活在数字原生时代，生活在一个"人—数字世界—物理世界"构成的三角关系中，并且数字世界不断地和物理世界融合。这带来了两个方面的影响。

一方面,我们连接世界的方式改变了,并且这个世界以新技术加新信息的全新组合方式,以指数级速度升级变化,很多人也因此陷入前所未有的迷茫之中。就像几年前流行的一句话那样:"不是我不明白,而是这个世界变化太快了。"对于一个不断变化的世界,很多人尝试去追赶、控制,但是在这个过程中又会引发新问题,令人更加的迷茫。

另一方面,数字化生存是把双刃剑。数字化生存让人文精神充分彰显,人的自由时间大量增加,人的能力得到极大提高,人的社会关系全面丰富,人的自由个性全面发展。但数字化生存又存在着让人文精神衰退的悖论,如精致个人主义、娱乐至死、老一辈跟不上数字化变化……人在道德、心理、文化、自身发展等方面面临一系列的新困境。

同时,我们还面临着新阶段的不确定性挑战。

资本收益依旧远远超过劳动收益,贫富差距加大。

环境变化导致气候异常、海平面上升,新冠肺炎疫情影响人们正常生活。

....

如果以万年时间衡量,全球经济发展,人类福祉提升、寿命持续延长,数字化让生活愈加便利——这是大写的人的时代。但是，如果聚焦面临的挑战，这个世界又呈现出单向度㊀，有些人正在成为"单向度人"——只知道物质享受而丧失了精神追求，只有物欲没有灵魂，只屈服于现实而不能批判现实，即纯然、盲目地接受现实，将自身完全融入现实。

所以，身为关系"轴心"的你，必须以全新的时代眼光重新认识自己、设计自己，激发轴心能量。

认识并设计自我

关于我们自身，有六大基本面。

能力。能力是一个人完成一件或几件事所必需的内在条件，是我们认识客观事物并解决实际问题的能力，它包含智力、专业能力和创造力。清楚自己的能力，便可以此为基点发展不同的生活状态和人生走势。

实力。实力是一个人的实在力量，它往往体现为一个人的财力和权力，其大小对一个人事业的成败起着不可低估的

㊀ 法兰克福学派左翼主要代表人物赫伯特·马尔库塞（Herbert Marcuse）在其著作《单向度的人：发达工业社会意识形态研究》中提出的概念。

作用。不过和以往不同，当今时代，人的价值凸显，能力越来越成为实力的一种表现。

欲望。欲望是我们生而为人的一种属性，欲望与生俱来，只是受后天因素影响表现不同。欲望在我们的生命中有着重要的作用，运用得当，它会鞭策我们努力、奋斗，影响我们的成功层次，但是放纵欲望便会是痛苦的根源。所以在审视自身欲望时，一定要让自己的欲望与自身能力、实力相匹配。

意志。意志是人意识中所独有的，是人为达到目的去克服困难的心理品质。意志可以磨炼，如长期坚持做一件事、遇到困难挫折不失信心迎难而上……我们每一个人都可以充分发挥意志的作用，把自己的决心变为永不失败的信心。

环境。环境是客观存在的，有自身发展规律，是我们成长过程中的一种外界的自然力量。一个人的生命从开始到结束，有所为和有所不为都存在于一种由空间和时间共同构成的环境中，如家庭环境、教育环境、社会环境、自然环境等。环境的好坏影响着我们的心理、思想、习惯、语言、智力，我们也可以通过自己的努力影响环境。

机遇。虽然机遇是人一生中的偶然因素，但是具备能力、实力和远见的人往往更容易抓住机遇。

认识这六大基本面后，我们要做的便是自我超越，重

第三部分
链商变量

新设计自己。

波普尔说:"自我超越是一切生命和一切进化,尤其是人类进化最惊人、最重要的事实。"如果你只是认识自己而不改善自己,那么认识自己其实没什么意义。

那么如何自我超越?

跳出"小我"的局限,不是把目光集中在眼前、把行为局限于当下,而是懂得在时代、经济、社会的"大我"层面看待自己,从而评判自己的作为。

马克思曾说:"一个人的发展取决于和他直接或间接进行交往的其他一切人的发展。"[一] 尽管我们看问题总是从自己出发,但是单人的历史不能脱离时代的历史。所以认识自己的高级形式,就是要认识我们所处的时代、经济、社会文化等多个方面。

其实本书便是帮助大家从这个层面认识自我,并重新定义自我和商业。就像日本设计大师山本耀司说过的一句话:"'自己'这个东西是看不见的,撞上一些别的什么,反弹回来,才会了解'自己'。"跟很强的东西、可怕的东西、水准很高的东西相碰撞,然后才知道"自己"是什么、

[一] 中共中央马克思恩格斯列宁斯大林著作编译局. 马克思恩格斯全集:第三卷[M]. 北京:人民出版社,1960:515.

能做什么,这才是自我。因此,要去碰撞这个时代、碰撞全新的技术、碰撞全新的商业形式,完成一次涅槃。

今天的企业家也不再是传统上的投资者、私企老板,或是西方经济理论中认为的要承担风险与不确定性的人,而是如熊彼特定义的那般。

企业家有征服的意志,战斗的冲动,创造的欢乐,他要"构建一种新的生产函数",把一种关于生产要素和生产条件的"新组合"引入生产体系,只要他们实际上从事"新组合",他们就是企业家;而一旦他们功成名就,他们就不再是企业家了。

从事"新组合",做到全然合一,不管时代的潮流和社会的风尚怎样,人总是可以凭着自己高贵的品质,超脱时代和社会,走自己认为正确的道路。

08 链富人生
——溢出人生灵感

彼此的沃土

"我们靠所得来谋生,但靠给予来创造生活。"

生命中最伟大的光辉不在于仅仅成就自我,而在于既成就他人,又成就自我!

利他、利己和互利

人性有善恶,人性之善利他,人性之恶利己。

随着人类社会的进步、信息技术的普及,"过善者难以持久,过恶者惹人唾弃",两者都将被时代淘汰。只有与人平等相待、协同互利,才能获得更大、更多的机会。

也就是说,专门利他出圣人,但这很难,人类历史上的圣人寥寥无几,大多数人做不到;专门利己出恶人,这样的人也是少数,人性的复杂决定了一个人并非非黑即白,人有羞耻感,有精神追求,有情感羁绊,很难只做恶人。对多数人而言,他们只想在一个平等、友好的环境中,自在愉悦地存在和生活。因此,最好的办法是在利他、利己之间寻求一个平衡点——互利,这既不违背人性,也符合这个时代发展的趋势。

另外,不管是在自然界还是人类社会,除了优胜劣汰、适者生存外还有一个法则——因果,有其因必有其果。近百年来人类过度发展工业,掠夺性开发大自然,正在遭受自然环境的报复。只是以往信息传递的时延太长,能量积蓄缓慢,这种问题才在几十年后凸显。

今天,5G、物联网、区块链不仅让信息传递时延缩短,也让能量传递速度加快。我们必须自觉适应"因果法则",因为只有向自然、社会提供价值,才能从中得到合理回报。人类也终将发现,平等互利要比掠夺、对抗更有意义。

所以,今天我们是如下这样的。

先利他,后利己,利他的本质是互利。

互惠利他是合作进化,遵循互惠利他主义,成为彼此的沃土。

第三部分
链商变量

利他的本质是互利

在进化生物学和进化心理学中,有一个互惠利他主义,这是利他的一种形式,指一个有机体给另一个有机体提供了好处,不期待任何立即报答或补偿,但不是无条件的。

条件一,利他主义的行为必须引起合作的盈余。

条件二,如果后来情况逆转了,原始受益人必须报答这一利他主义行为。

怎么理解?

条件一的意思是,受益人所得到的收益,必须可察觉地显著大于捐赠者的成本。也就是说,这种利他不是单纯的"施舍",而是我们用很少的投入帮助对方获得更大的产出,这和"授人以鱼不如授人以渔"有着异曲同工之妙,但又比之更进一步。

条件二很好理解,如果不这么做,通常会导致原来的捐赠者在未来撤销利他行为,因为谁也不会愿意帮助一个不懂感恩的人。

那么,互惠利他主义对我们有什么启示?

1. 先成为值得帮助的那个人，然后寻求正确的帮助

利他主义的利他不是滥施好心，它更像一种投资行为，只是没有明确的投资目的，或者说不带任何功利色彩。比如，我们会去帮助我们认为很有能力的朋友，不管是金钱上还是机会上，而看到他因我们的帮助得到了改变，我们会由衷地感到满足和开心。但是我们不会去帮助那些令我们失望透顶或我们认为在这一领域无法胜任的人。

那么，反观我们自身也是如此。别人愿意帮助我们，必定是我们身上有着他人所看重和肯定的东西，这些东西会是能力、实力、阅历、眼界、性格等。所以我们先要成为值得帮助的那个人。同时还要能够敏锐地察觉他人给予的每一丝善意，始终心怀感激。

当然这个帮助在当今的时代除了物质的帮助如资本、资金，更会是新知识理念的植入、技术支持、人脉推荐、机遇共享等。后者这样的帮助对他人来说成本很小，但是对我们来说会打开全新的行业视野和企业格局，会影响甚至决定着未来的持久发展。

2. 想要合作共赢，学会利他

关于做生意有句很有名的话："最好的生意不是你赚九成，别人赚一成，而是自己只赚四成，把大部分利润让给

第三部分
链商变量

别人。"

对此很多人可能觉得虚伪,商人逐利,做生意看重的就是一个"利"字。我们也总是习惯了为自己争取更多的利益,然后感慨"谈钱,伤感情;谈感情,伤钱",感叹人心不古。

但这种做法恰恰是生意长久的秘诀:

只有别人和你合作开心,你们接下来的合作关系才会更稳定长久。

也许这种行为看似自私,通过利他达到利己,但这是一种开明而合理的自私,通过合作达成互利,这种互惠利他实际上是一种合作进化。聪明人也尤其懂得利他,更倾向于把成本花在合作上,而不是恶性竞争,这是一种手段,也是一种发展策略和格局。比起一枝独秀,他们更倾向于百花齐放。

然而,庄子有言:"古之至人,先存诸己,而后存诸人。"把利他变成日常手段并不容易,需要注意以下几点。

当别人取得成就时,要保持平和的心态,真诚地赞扬别人,不嫉妒,别人比自己做得更成功,发自内心地为之高兴,否则便失去了利他的意义。

利他不是意味着侵害自己的利益,更不能被别人用利他的理由进行道德绑架。人性有恶,所有的善良都必须有原则，帮助他人也必须有底线。

利他是一件高尚的事，互惠利他是一件共赢的事，不管是在生活中还是在职场，成就别人就等于成就自己。

其实不仅人类社会发展、商业演进正互利化发展，我们的人生更是如此，就像一位作家所写的那样，"利他的善良给了个体巨大的收益，在做利他行为的同时，身体本身就释放了大量的激素，让我们更加幸福平静"。

施比受有福

"德行善举是唯一不败的投资。"

什么才是能使一个企业发展壮大最好的投资？什么才是能让一个家族持久兴旺发达的投资？那就是德行和善举。

人性需求原理

名望体现自己的价值，财富是生存生活的资本。名利双收、功成名就，这是无数人为之不懈奋斗的人生目标。

然而，透过现象看本质，不管是"名"还是"利"，都是我们获得满足感和认同感的媒介而已，其本质是自身发展需求的升级。

根据马斯洛需求层次理论，人的主要需求分别为：

生理的需求（食物和衣服）；

安全的需求（工作保障）；

归属和爱的需求（结交朋友，追求爱情）；

尊重的需求（尊严、成就、独立、地位、威望）；

自我实现的需求。

生理和安全是基本生存需求，在步入小康阶段后，这样的需求已得到满足，我们更注重自身的形象和社会的影响，需要与家人、朋友、同事乃至社会建立沟通与交往，即马斯洛需求层次理论中的归属和爱的需求、尊重的需求。如果还有上升空间，便是竭尽所能去实现自我的价值，达到与人、与社会最和谐的境界。

古今中外，不管是孩童还是成人，不管是平民还是贵族，不管是从政者还是企业家，都有爱和尊重的需求，被人尊重、赞扬、认可一直是贯穿我们人生的"暗线"（明线是我们的事业、人生奋斗具体目标）。

在付出的时候，我们往往会感觉到自己是有用的、不可或缺的，而别人回馈给我们的便是对我们的认可、尊重，于是彼此就会变得更加快乐。而一个人能主动施与，说明他内心有爱，手中有东西，愿意去分享，这样的人生也当然幸福。所以，在需求层面"我们都希望得到爱，同时我们比得到爱更为强烈的愿望是付出爱"——施比受更为有福。

另外，人生来在得失之间执着，本能地设法得到想获得的东西，而不愿意失去任何已得到的东西，于是在得不到或已失去中纠结、痛苦，以及对外在世界感到不安。

但是换个角度思考，我们的出生是父母的恩赐，我们的知识是教育的恩赐，我们的安稳生活是社会的恩赐，我们所栖居的地球是宇宙的恩赐……温暖的家庭、整洁的学校、美丽的大自然、关怀与被关怀、爱与被爱等，这么一想，我们就会觉得自己所得到的已经很多，尤其是以丰饶的心灵来看待这些好处时，纵使人生有些不如意的事情发生，亦会因为了解了全局感到从容，从而坦然渡过逆境。

当有了这样的领悟，再去思考"施"与"受"的关系，我们便会更为清晰明了。

受，本身有所缺欠，需要从自己之外获得东西来补足。

施，有多余的东西可以施予，是一直在证明自身的丰饶。

不断地向着旁人、社会、自然索取，常抱怨自己得到的还不够，这是心灵的贫乏，借由外在的获取填补内心的空虚，这样即便得到得再多，其心灵也不会安宁、幸福。相反，能感受到自己拥有的很多，并且以感恩的心态面对来自身边人、事、物的"恩赐"，愿意将自己的东西拿出来分给那些缺乏的人，这是心灵丰饶，自身富足。也许他财富不比别人多，能力不比别人强，但是由于心灵的富足，不管面临怎样的境遇，他的心灵都是安宁、幸福的。

所以，在人心的得与失之间，在人的心灵空间，施比受有福。

以上两个角度，道理很简单，但是能够帮助我们更好地去思考并实践"施比受有福"的原理，这样不但人人幸福，社会亦自然会"安和乐利"。

修善的净化

任正非虽然个人财富不及当今很多知名富豪，却被誉为教父级企业家，因为他重新定义了中国企业家精神！人们尊重他，众多企业家都是他的"粉丝"，为什么？不仅仅在于他创造了一个商业传奇，更在于他走出了一条具有中国特色的高科技产业化道路，打造了中国国际化程度和技术含量最高的企业之一。

人们尊重曾经的世界首富比尔·盖茨，不仅因为他年纪轻轻就登上了财富巅峰，更是因为他没有在巨额财富面前迷失自我，反而热衷慈善事业，如慷慨捐赠并为贫穷国家提供援助。

这方面的例子不胜枚举。所以说企业家受到世人的尊重，靠的是个人魅力、优秀品德及巨大的社会贡献，而不是他们的财富，更不是粗暴的炫耀。古人也早已为我们指出了这点:"积善之家,必有余庆;积不善之家,必有余殃。""天行健,君子以自强不息;地势坤,君子以厚德载物。"一个人或一个企业经常做善事,为他人做贡献,持续不断地积累德行,才能承载更多的财富,实现更大的发展。

数字经济时代,个人、企业的发展日益与身边的人、事、物、社会、自然结成一体,合作方能共赢,这也是一个修善和互利的时代。修善,不管是投身公益回报社会,还是与人为善仗义相助,都根植在我们文化的传承中,会是对我们心灵的净化和人生的修行。

虽然中国文化流派众多,但是都把关爱他人、帮助弱小作为核心代代传承。

儒家推崇"仁者爱人",有着"达则兼济天下"的使命和胸襟。

道家主张"损有余而补不足",遵从"知足不辱、知足常乐、知足者富",强调获取和付出平衡有度。

墨家主张"兼爱",完全、不分彼此、无差别的博爱,将父兄慈、子弟孝、长友尊、年幼悌等亲人般的对待方式,扩展到其他陌生人身上。

凡此种种都让积德行善、乐善好施成为中华民族文化的一部分,这些美好品德闪烁着人性的光芒,彰显着人的生命价值,而分享与付出的过程,也是滋养心灵、升华境界的过程。

当然,这个过程需要我们由内而外地进行升级改造。

1. 于内,明悟财富的真谛,把握"幸福公式"

我们衡量商业成就时,标准往往是金钱。那么衡量心灵成就时,标准又是什么呢?

幸福,幸福是人生的至高财富!

哈佛大学沙哈尔博士曾有一段关于幸福的论述。

"人们衡量商业成就时,标准是钱。用钱去评估资产和债务、利润和亏损,所有与钱无关的都不会被考虑进去,金钱是最高的财富。但是我认为,人生与商业一样,也有盈利和亏损。具体地说,在看待自己的生命时,可以把负面情绪当作支出,把正面情绪当作收入。当正面情绪多于负面情绪时,我们在幸福这个'至高财富'上就盈利了。幸福感是衡量人生的唯一标准,是所有目标的最终目标。"

对此,我国著名主持人杨澜曾在博客里分享自己发明的"幸福公式"。

幸福 = 当下快乐 + 未来快乐

人生多变,你既不能只顾及时行乐,忘了未雨绸缪,也不能为了实现未来的目标,从现在就开始做苦行僧,应该让两者适当相加,使自己更容易幸福。

幸福 = 正面情绪 − 负面情绪

我们需要不断培养自己正面的情绪，尽量减少负面的情绪，虽然人生不可能尽是如意之事，但仍需努力平衡，使自己更积极地对待生活。

幸福 = 快乐 × 分享人数

要学会将自己的快乐与亲人和朋友分享，使这个幸福感扩散，带给更多的人快乐和积极的态度。

幸福 = 能力 ÷ 期待

我们需对自己的能力做出评估，对未来的预期目标进行平衡，莫要强求自己。

这样的幸福公式，能够帮助我们收获一颗积极乐观、乐于分享付出、友善豁达之心。一旦它成为我们人生的"标准"，就会帮助我们更好地为人处世、乐善好施。

2. 于外，学习思考，以仁爱之心投身公益

面对新时代、新机遇，一定要开阔眼界，善于学习，从书本、从平台、从身边的人汲取文化养分充实自己，改变过去小富即安、故步自封的认知，主动适应时代发展，建立新的发展思维，改变曾经的粗放式管理、粗放式经营方式，不断思考和创新数字化转型之路。同时提升品位和修养，除了物质上的财富追求，更要有精神上的财富追求，心怀感恩、

回报社会。

而投身公益会是企业家的行善之始。季羡林也曾说过，慈善是良好道德的发扬，又是道德积累的开端。

当然，不管是学习思考完善自身，还是投身公益，一切都需发乎本心，是由自己的人生明悟、恻隐之心、仁爱之心所激发的自然而然的行为，没有任何的功利色彩。当我们能做到如此时，便就达到了马斯洛需求层次理论中的最高境界——自我实现。

我们由衷希望，大家在经历过厚积薄发、触及心灵的涅槃后，能够重塑自身的社会形象和精神境界，从而掌握人生的真正财富，拥有令人赞叹的、受人尊重的理想人生！

信仰的力量

"人活着就要用生命去解释自己的信仰。"

"每个人总不免有所迷恋,每个人总不免犯些错误,不过在进退失据、周围的一切开始动摇的时候,信仰就能拯救一个人。"

什么是信仰

什么是信仰?

很多人并不清楚。信仰似乎是一个很大的词汇,说不清道不明。

在回答这个问题前,我们先看一个真正的中国首富的故事。

刘永行、刘永好兄弟是中国改革开放后第一批发家致富的典型代表,其创业过程充满了艰辛和曲折。

1988年,他们准备从养鹌鹑转型到生产饲料,急需一块土地盖新厂房。但是某地方部门的一个领导竟然向他们索贿，刘氏兄弟拒绝。这个领导恼羞成怒，坚决不给他们土地批复。刘氏兄弟一气之下，只得忍痛割爱，杀掉当时价值几百万元的鹌鹑，腾出地方盖厂房。

几百万元，在当时无异于一个天文数字，肯定也远超了那个领导的需求，他们为什么要这么做？

刘永好曾说过这样一段话：

"赚再多的钱，没有太大意思。当财富和个人事业关联不大时，一定要寻找支撑上升的动力。没有信仰的企业家，或者是没有寄托的企业家，心态肯定不好，肯定会出问题。"

他们知道企业家责任和信仰是获得尊严的唯一途径，对"寻找支撑上升的动力"有着强烈的渴望和极为理智的坚持。刘氏兄弟发展至今事业长青，他们也一直是颇受关注的企业家，这是幸运，也不仅仅是幸运。今天再看他们，尽管拥有数百亿财富，但身上见不到社会名流和大富豪的派头，他们生活十分节俭，对于公益慈善事业总是出手大方，动辄捐赠几百万、上千万元。

那么，什么是信仰？

信仰是内心存在的一种强烈的信念，是一种人性向善的终极追求，有了这种信念和追求，人才有敬畏精神，才会从精神上约束自己的欲望和行为，修炼自己的思想和情操。

那么，信仰从何而来？

人活在世，自然会对人、物、世界存在看法和态度，在精神层面便形成了三大"哲理共识"。

因果论，有果必有因，有因必有果，因果相互。

善恶报，善有善报，恶有恶报，不是不报，时候未到。

遗传论，前代传后代，后代延续前代，代代相传永不断。

在此基础上人类通过实践，把所有已知的善，当作信仰的内容和行为准则：事之发展皆有因果，人之善恶皆有报应，通过自身的感悟，将善的结果、感悟代代相传，形成一种深耕在每一个人心中的善的观念及向善的信念，从而形成人类共同的价值体系。

如果没有信仰，一切价值观都将无所依托，更为严重的是社会价值体系一旦崩塌，人性的恶便会在文明的进程中肆虐。现实中我们也早已领悟，太多的不幸、罪恶源于人们没有信仰，缺少自我的约束、规范。信仰为人类提供了终极精神家园，是对人类的终极关怀，人类最高的信仰一定是对真善美的追求、对真理的感悟和一切关系的和谐。

做一个有信仰的商业行者

每个时代都有商业行者，他们通过理论与真实的实践行动结合，用自己独特的商业思维、经营智慧、先进技术带动社会繁荣，而不是一味贪婪地赚取财富归自己所有，他们身上皆有着信仰的力量。

今天中国商业环境越来越好，企业家群体构成越来越健康，也有越来越多的人相信新的商业文明，越来越多的人懂得开放、共享、包容，信仰正在成为商业文明的共识，有信仰我们的商业及自身才会受到尊重，我们的商道才会圆满。

1. 信仰是维系一个组织的最佳凝聚力

"无论商业帝国多庞大，终将不敌爱与仁慈。"

任何组织都需要信仰，信仰会是企业这个组织的核心文化内涵和组织理念，它会如同黏合剂一样，把组织上下凝聚在一起，有效提高企业的向心力和凝聚力，激发组织成员的积极性和创造性，从而提高企业竞争力。信仰更是会给企业带来文化、精神力量，对信仰的渴求，不仅是企业家心灵的需求，更是企业持久发展的保障。

2. 信仰使人不会迷失

不管是链商还是普通企业家,首先是人,其次才是社会上的身份。

作为人,内心深处必然有着寻找生命终极价值、终极意义的需求,我们在追求财富的同时,也在积极寻找心灵的家园。灵魂需要安顿之所,生命需要精神家园——这就是信仰的价值。

那么,再回到我们的身份——链商或企业家。不管是创业还是企业的发展,过程往往艰辛百味,此时信仰便会在内心化为一股强大的信念,让我们具备坚韧的心性和理智的底线,让我们敢于迎难而上,而不是半途而废。

3. 信仰使人有敬畏之心

一个有信仰的人,会敬畏自然,敬畏世界,从而懂得约束、权衡,不会肆意妄为、胡作非为。懂得调整、审视与平衡自己与外在的关系,渐渐形成一种积极向上的心理,人就会变得越来越善良谦卑。经过了这样的"过滤"后,人往往有原则、有底线,遵从心中的道义与良知,由心而发,合道而为。康德在《实践理性批判》这本书中就提出过很有名的"星空道德律":

"有两种事物,我们越是经常、持续地对它们反复思考,它们就总是以时时翻新、有增无减的敬畏与赞叹，充满我们的心灵：那便是头上的星空和心中的道德准则。"

  人生并非事事顺心如意，有努力、有信仰才能让我们自身及企业发展从无到有、从小到大，跨越种种障碍。我们希望在数字经济时代诞生出来的每一个链商都是有信仰、有情怀、有愿景、有格局的。

09 链和未来
——格局、格调与格业

高链商修炼

"每当我对目前的大局感到忧虑和失望时,我会努力让自己关注更大的大局。"

看到更大的"局",看到自己更多的可能性——我们在商业、人生中的每一次转变,都可以让自己走得更远、更好……

时代及我们内心的"两面性"

过去几年,我们服务过很多企业,结识了很多企业家,同时为链商理论研究做了一些准备。在这个过程中我们见证了中国经济的发展和企业的发展,亦感时代的无情。时代就像一辆没有刹车的列车,肆意前冲又总毫无征兆地变换轨道,有些企业很幸运成功上车,但是更多的中小企业却被列车无情地甩开。我们也曾一度迷茫:如何更好地看待、应对今天的商业世界?

2020年，新冠肺炎疫情肆虐全球，中国成为保持正增长的经济体之一。在新冠肺炎疫情的严重影响下，数字产业、新能源汽车领域却爆发式增长。也是同一年，蚂蚁科技集团股份有限公司被暂缓科创板上市，但是阿里系的一个架构师，因为掌握了基因编辑技术，将广西一个养猪企业变为养猪平台，依托高科技，平台企业产值高达40亿元。

回看前些年中国经济的"典型现象"：2010年，人口红利下行，美团、小米成立；2012年，传统媒体下行，今日头条上线；2015年，流动人口数量下降，拼多多成立；2016年，互联网流量红利见顶，抖音上线；2018年，汽车年销量开始下降，B站在美国上市；2019年，华为预测全年营收增幅不足20%，5G商用启动。

我们身处变化越来越快的世界，我们身处机遇与挑战并存的经济系统之中，每出现一种下降趋势，新的增长机会也在开启。我们既要看到问题和挑战，也要看到机遇和希望！

面对问题、现象乃至未来，人的内心有放大和缩小机制。我们对商业、时代的感受，内心会对其进行"二次加工"，触发放大或缩小机制。

坏事：放大——更加悲观，缩小——不那么悲观。好

第三部分
链商变量

事：放大——非常乐观，缩小——不那么乐观。

然而，在一个骤变的商业世界，我们要适度控制这种机制。

面对机遇，一味地放大就是盲目乐观，任何的商业行为都有竞争对手，都具备风险，最终打败你的不是无知而是自以为是；一味地缩小会自卑、消极，裹足不前错失良机，甚至被时代所淘汰。

面对挑战，过度地放大就是无谓的悲观，给自身和企业的发展注入负能量；过度地缩小则会成为井底之蛙，没有足够的居安思危意识，落后于时代发展。

你的商业是有生命的，它的运行以你的个人意志、认知为主导，然后以物质（如产品、服务）和能量（影响、作用）呈现出它的活性。所以你很重要！而商业也会是你的一场修行，你的过度放大或缩小，都是一种认知的迷茫、心性的浮躁，越是繁杂处，越是修行时。

那么，链商要修行什么？

修行自己的商业能力，修行自己的心性力量。

修行商业能力

世界更好还是更糟，取决于我们的认知框架和能力框架。

1. 认知上，既要看到问题和困难，也要看到前途和希望

道格拉斯·诺斯说："在整个人类历史上，我们误解现实的概率远比正确理解现实的概率大得多，因而认识现实的本质就很重要。"

现实一定是悲观与希望并存的。

比如新冠肺炎疫情暴发后，线下销售受到极大冲击，小微企业和个体户成了弱势群体；后疫情时代，全面复工复产仍面临诸多现实问题。但是疫情并没有改变中国经济发展的动力机制和结构，中国是全球保持正增长的经济体之一。而由东盟倡议发起的《区域全面经济伙伴关系协定》(RCEP)于2022年1月1日生效实施，开放合作的潮流依然在持续。

再比如数字经济时代，技术迭代、商业进程等不及预期，难免会让你消极、失望，甚至觉得"徒有其表"，但是今天AI和5G也确实在加速着企业的移动化、自动化、智能化转型，有望在产业互联网各类应用中实现云端、产业、跨界的三方协同。

所以，不管怎么样，这个世界依旧值得我们乐观以待。

本书第一部分的时代分析，也正是为了帮助大家认识"现实的本质"，更确切地说是我们所依托的时代发展变化的本质。我们更是希望大家能因此看到下一个10年的趋势和问题，心里有底，从而不会一味地放大或缩小机遇和挑战，能够针对未来进行商业能力修炼，抓住机遇，迎着希望而上。

（下一个10年的趋势和问题我们会在下一节中为大家总结。）

2. 能力上，构建链商系统，修炼五大商业能力

如果说本书第一部分是帮助大家更好地认知我们所处的真实商业世界，第二部分便是应对的方法论。但任何的方法都要以我们自身的能力为基础，我们必然要修炼五大商业能力。

专业修炼，形成独有的专业体系。任何行业的发展必然有一个过程，这也是一个专业知识的积累过程。企业、行业所在领域有着完整的知识体系，而你达到的层次越高，你的知识储备便越丰富，你对知识的运用也越成熟，从而遇到问

题可瞬间由此及彼，遍历知识库，找到答案。专业会是你发展的"承载平台"，地基越稳，承载的才能越多，乃至贯通整个时代。

行业修炼，积累优质的行业人脉。行业里有什么？有客户，有竞争对手，有合作伙伴。但是我们更应该看到行业里有共同的市场、共同的客户、共同资源和共同的发展。与你企业关系最为密切的是行业，行业人脉会是你的发展"根据地"，你依此生存，也依此发展。

商业修炼，具备商业敏感度。什么是商业敏感度？就是透过表象，了解商业运行的规律和本质，透过复杂的表面数据分析核心要素，从时代中寻找风口和机遇。商业敏感度会是你的"发展雷达"，你借此扫描这个世界，也借此发现新的商机和领域。

创新修炼，将创新思维注入大脑并运用于生产、创造。创新的重要性不言而喻，单纯的"有知识""会管理""能力强"已经不能适应数字经济时代的发展，你必须与时俱进，全然地拥抱这个时代、融入这个时代，创新思维一定是我们看过很多风景后，日思夜想、深思熟虑后水到渠成的结果。创新会是你的"未来核武器"，你将基于它开疆拓土乃至跨界发展。

管理修炼，打造未来式组织。过去组织强调效益、管理固化，自上而下的组织驱动力是被动的，而未来组织强调使命驱动、自主管理、团队协作、激励多元，并依靠系统赋能、生态战略驱动。因此你要懂得转变管理观念，适应新的组织形式。新管理、新组织形式会是你未来的"战略基地"，它会在你未来所涉及的每一个领域生根发芽，并迸发出强大的能量。

修行心性力量

2020年，债券市场有178家企业发生违约事件，总计违约资金高达1600亿元，民营企业占比高达82.58%。

也许你会说这是新冠肺炎疫情所致，2020年谁过得都不好。那么2019年呢？2019年有153家企业发生债券违约，涉及金额高达1185.64亿元，违约发行人以民营企业为主。其实自2014年以来，民营企业债务大量违约的趋势不仅没有得到实质性的改善，反而日益上升。

虽然这里面有很多经济、政治因素，但是很多业内人士认为，这更多是因为民营企业自身的问题，如前期融资过于激进、业务过于多元化。长期以来，企业走多元化还是专业化发展道路，也一直是各界人士争论不休的话题。

一叶知秋，这一现象一方面体现出了企业发展新阶段的特征，另一方面也暴露出企业在时代浪潮中的迷茫和困惑。

中国改革开放40余年，民营企业的成长有着一定的共性：由某一行业内的小公司做起，经过几年发展在行业内颇具规模，由于经营成功，马太效应显现，资源不断聚集便推动了企业的上市和资本运作。在这个过程中，财富与名望、机遇与挑战、道义与名利、正直与苟且、成功与失败……大家被各种情境冲击着心性，同时也领悟和总结着自己的商业觉知与智慧。

也正是此时，多元化还是专业化的"十字路口"出现了，加之时代变革，传统模式不断遭受冲击，转型升级迫在眉睫，继续沿着老路前行还是改换或开辟新赛道，成了大家必须做出的一个抉择。于是有的企业便在资本的助推和时代的风口下，开启第二、第三增长曲线，即多元化发展，只是有的成功了，有的失败了，多元化和专业化争论便也由此开始。

其实多元化和专业化只是硬币的两面，并没有对错，问题的关键在于抛硬币的人的心性，一切经营决策都来自企业决策者的觉知和智慧。就像孔子说的"德薄而位尊，知小而谋大，力小而任重，鲜不及矣"。更何况，与西方

第三部分
链商变量

相比，中国企业家和企业的关系更为复杂和紧密，企业的业务、经营决策、管理特点都被打上了企业创始人性格的烙印。

所以，虽然我们处于一个非常复杂多变的年代，但是总有一股力量会让我们感到宁静、安定，这股力量就是心性——越是变革时，越需要强大的心性。

心性不是具象的思维，不是小聪明，而是一种我们每个人本身都具备的，能够辨识一切、驾驭一切的自我力量，体现在企业的经营中就是"内圣外王"。早在两千多年前儒家代表著作《大学》就为我们指出了心性修炼路径——"知""定""静""虑""得"，"知止而后有定，定而后能静，静而后能安，安而后能虑，虑而后能得"。

"知"，有"自知"的能力，对自己有着深刻的认知，比如你的三观、你的知识体系、你的性格特点，以及你的身体情况、家庭情况等；同时也有对企业经营管理敏锐的觉知能力，能从纷繁复杂的经营、管理、市场、社会等多维度信息中感知背后的声音和逻辑。"知"是一种能力，是心性修炼的基础。

"定"，是"知"的结果。当你在"知"上下了功夫，就能明晰自己的原则立场，有敬畏之心，从而"心定"，不受不相干因素干扰，达到一种专注的境界。具体到企业发展，便是坚定做企业的初心、企业的使命愿景,从而不管是多元化还是专业化,你都可以按照一定的原则、规矩处理。"定"是一种态度和境界,是十分重要的心性品质。

"静",坚持"知"与"定"的修炼,就会感到心静、安宁。体现在企业经营中,就是能在各种琐碎事务、各种利益得失,以及危机、挫折、挑战、风险中不迷、不躁。心定了可以让我们坚定不移地走在正确的方向上,心静了则可以让我们从容应对各种状况,举重若轻。

"虑"和"得"是心性修行的最后目标。"虑"是"处事精详",而"得"是"得其所止"。当我们经过了"知""定""静"的学习和修正后,自然而然会开启智慧,最终"止于至善"。反映在企业家身上,就是所有的经营管理活动都要落实在行为上,落实在人与人、人与事、人与物,企业与企业、企业与社会、企业与自然的关系处置上,用心性的智慧去指导事业发展,让心性的智慧成为促成企业基业长青的根本内驱动力。

而不管是商业能力的修炼,还是心性的修炼,其方法链商社都会和大家分享。链商社的使命就是改善全球商业生态,推动人类文明进步。链商社的核心价值观也十分明确:创新精进、至诚守信、合作共赢、成就客户、专注投入、敬天爱人。我们永不迷茫,我们永远坚定!

财富新引擎——链商模式

"登高莫问顶,途中耳目新。"

商业、人生不是等待风暴过去,而是学会在风暴时精进,造力、发力,然后乘风而上,看到更广阔的风景。

看到下一个 10 年的趋势和问题

上一节中,我们提到了下一个 10 年的趋势和问题。

下一个 10 年的趋势是什么?数字经济。这一点在前文已经做了很多阐述,相信大家对数字经济未来发展的巨大潜力及影响已经有了充分的认识,这里简练系统地为大家总结数字经济的 10 大趋势。

(1)数据是生产要素,数字技术是基础设施,数字化将有效赋能企业。

(2)新业态产生,除了数字服务、平台经济、与传统制造业和服务业数字化相关的电子商业,还有物联网、工业

4.0、精准农业等。

（3）数字经济改变地缘经济格局，中国和美国将会继续引领数字经济浪潮。

（4）服务业变革，服务在线化、平台化并可交易。

（5）制造智能化，生产与消费融合。

（6）生产定制化、个性化并即时化，生产与消费的距离缩短。

（7）平台"巨型化"，平台属性强的企业规模会进一步扩大，多边市场结构形成。

（8）资产多元化，资产形式除了传统实物资产，还有数字资产，人才和创造力也将资产化。

（9）数字改变个人生活，元宇宙趋势明显，个人学习、工作、购物、旅游等将被重塑。

（10）数字改变公共服务，数字政务、数字监管、智慧城市升级。

但是这样一场深刻的数字革命不会只有帕累托式的改进，同时也有四个问题需要我们关注和思考。

1. 新垄断问题

数据是数字经济时代的核心生产要素，数据的采集、加工和应用有着明显的规模效应和网络效应，其边际成本低甚至为零意味着它进入门槛较低,但也正是如此,先发企业,如具备技术优势的先行入局的企业,可以凭借自身的大数据优势来获取与固化垄断地位。也就是说,巨头数字企业可以凭借大数据资源构筑人为强化的进入壁垒,不但让潜在竞争者难以短时间突破,甚至还能够形成数权权威,这会是很多中小企业进军数字经济的主要挑战之一。

2. 新贫富分化问题

数字经济中的通证经济能更好地平衡效率和公平关系,数字技术也使得个人和企业可以用更低成本服务大市场。数字经济更是创造了一个新思路——"数字基建",如通过数字技术连接,欠发达地区可以享受发达地区的辐射带动,最典型的便是网络直播、云旅游,把一个地区的风土人情、青山绿水等特色通过网络"运输"到用户眼前,增加当地收入。

这些都让我们看到数字经济发展在缩小贫富差距中友好的一面,但是难以避免也有相反的一面。比如那些自带流量的明星、企业天然具备直播优势,拥有数权权威的企业享有关键资源的"垄断租金"——少数人和企业将"赢者通吃"。而未来的贫富差距也不仅仅是金钱、资产上的多与少,更会是流量、创造力上的差距。

3. 数字化鸿沟问题

数字经济发展除了会带来收入分配问题，也会加深数字化鸿沟。部分人群因为学习能力等原因没有办法跟上数字经济发展的步伐，现代数字技术成为阻隔他们参与正常社会生活的数字化鸿沟。比如新冠肺炎疫情期间，"健康码"的推广便利了疫情的防控，但是很多老人却因不会使用健康码而出行困难。

技术突飞猛进，数字经济越发展，数字化鸿沟的问题就会越严重。特别是当前我国已经进入老龄化社会，2019年我国60岁及以上人口占总人口比例为18.1%，但是我国网民中，60岁及以上人口却仅占据6.7%。这就意味着，在我国有上亿的老年人难以适应或尚未体验到数字经济的便利性。

4. 新国际冲突风险

后疫情时代，3T（贸易全球化，科技主导化，企业巨型化）受到挑战已经成为大家的共识。但是除此之外，更大的国际冲突将会来自数据主权问题。比如2020年印度禁用多款中国App、美国变本加厉地切断华为芯片代工渠道。而中国更新了《中国禁止出口限制出口技术目录》，新增了"基于数据分析的个性化信息推送服务技术"。数字经济时代，国际贸易的规则正在发生改变。

第三部分
链商变量

不管是趋势还是问题，这些都与我们息息相关，我们要在其中发力。然而，正如有人说的那般："这样的时代，我们要发力，更要造力！"

那么什么是造力？又该如何造力呢？

链商模式"造力"

造力，就是由内而外地让自己、让整个组织拥有强大的"动力源"，这个"动力源"不仅能够让我们自如应对多变的环境，更契合时代趋势，能够激发出我们与时俱进的发展潜力。

造力的关键就在于"链商模式"（见图9-1）。

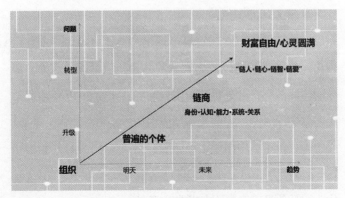

图9-1 "链商模式"

09　链和未来——格局、格调与格业

在完成链商角色认知、身份转变、能力构建、心性修养时，基于当今先进的理念模式驱动，让组织自身具备自生长性、生态性，从而在今天、明天及未来10年、20年甚至30年都具备可持续的发展能力，同时实现财富自由、心灵圆满。

我们总结了"链商模式"的九大模块，这些模块内容也是链商社的分享内容。

模块一，解密人生成功方程式。

模块二，数字经济时代的危与机。

模块三，引爆财富浪潮的链商时代。

模块四，世界上最神奇的一二三四成功模式。

模块五，商业成功藏宝图。

模块六，创新商业模式。

模块七，业绩N倍增长的"营销真经"。

模块八，打造持续赚钱的财富系统；

模块九，成功终极答案。

我们希望基于"链商模式"这一套方法论帮助大家实现"六个合一"。

1. 知行合一——遇见更好的自己

知必然要行，不行不算真知，"以知为行，知决定行"。

第三部分
链商变量

知行合一才能让链商的自我认知和自我担当合一,才能真正拨开迷雾,找到适合自身的发展道路。

2. 表里合一——组织(企业)就是你本人

链商会是企业的"全息缩影",企业会是你人格的外化和物化,会是你内心商业世界的"现实投影",甚至企业的成功就是你的成功,企业的失败就是你的失败。从这个意义上来说,链商的学习能带来企业的创新和进步,链商的思辨能带来企业的理性和稳健。

3. 虚实合一——再续两米价值链

必须承认的是,现在商业模式变得复杂了,不仅线上、线下融合,多元与合作、实业与投资、价值与收益也都虚虚实实。我们必须建立一个更大、更纵深的价值链,将符合行业及商业逻辑的资源整合进一个大的价值网中,从而打造一个价值生态。而价值生态一定是在最大的开放架构下、利益完全分布的状态下产生的。"链商模式"会教你如何架构这样的价值生态,而链商社本身就是这样一个价值生态。

4. 动静合———动静结合打好持久战

依靠心性的智慧，而非以盲目乐观或过度悲观的认知去追求能力建设和商业运作。

需要注意的是，如前文所说我们已经处在多元化和专业化的"十字路口"，我们所处的外部环境也在持续变化，变革的节点模糊了，变革的连续性增强了。此时我们需要动中思静，掌握发展主节奏，将野心沉降为初心、愿景，并自动匹配组织战略。

5. 行修合———迸发商业韵律感

凡是成功的企业家无不注重身心兼修。商业是身心的修行道场，不管是稻盛和夫还是乔布斯，抑或是任正非，个体的修行都是支撑他们的关键。身心的修行会让我们更好地掌握节奏，迸发出商业及人生的韵律感。

6. 关系合———拥有生命的美感

这一点便是上一章所说的"你自己，全然合一"，从而获得自由的财富状态和圆满的人生状态。

作为链商，在伟大而又残酷的、不可回避的时代面前，我们要提升自己的商业能力，研究数字经济，链接数字、链接技术、链接时代、链接我们身边的关系；我们也要修炼自身的心性，坚定拥抱优秀文化，用"知""定""静""虑""得"的智慧促成我们企业的历久弥新、长盛不衰。

联合推荐 | 链商心语

"天人合一"作为中国哲学思想，强调的是天与人、人与人、人与社会的自然和谐关系。王大山先生在此基础上提出的"链商"，既结合了数字经济的时代特征，又将理论与实践、文化和经济相融合，在这个飞速变化的时代，是一盏明灯！

——新时代中华国礼第一福作者、中华国礼福馆馆长
乔领、宁雪君

我从事了几十年知识产权工作，深知科技给人类商业文明带来的革命性力量。本书对数字经济商业生态的落地应用，对推动数字经济作为经济高质量发展的新引擎，以及对数字经济下知识产权保护机制的创新都具有独到视野，同时也将对建立社会公德、丰富内心修养具有参考作用。

——广东省战略知识产权研究院院长、广东省知识产权投融资促进会会长 唐善新

联合推荐
链商心语

星星之火,可以燎原。本书把握数字经济时代发展之大势,阐述关系成就人生财富之主题,在数字生态、商业变革、能力模型等方面的洞见和分析,可以帮助大家洞悉商机、适时变革、提升幸福指数。

——德中联合会中国事务会长、德高智能科技创始人/
中方董事长 温舟

培训数万企业家、训练无数青少年,深知关系影响一个人生命的品质。王大山先生以关系为支点,提出链商概念,结合数字经济特点,发展出链商模式,是一种独到的创新。

——广州百加教育科技有限公司董事长、广东省青少年
发展基金会百加教育基金创始人 陈百加

今天的世界,已经进入人类命运共同体、实现大同世界的新时代,我们每一个人如果不想被时代所抛弃,就必须与更多有价值的人实现链接!实现链接的绝佳方法,尽在这本书中!

——文华投资集团董事长、大同世界促进会创会会长
刘文华

联合推荐 | 链商心语

　　本人从事企业家教育 20 余年，创办世华教育，让北京华夏管理学院免费办学，发起全球社会企业家生态论坛，深知厚德利人乃立业之本，关系融合乃发展之源。链商之核心，在于链通并协同好各种关系，并在快速变化的数字经济时代，具备敏锐前瞻的洞察力和链接关键资源的整合力。

——世华教育集团创始人、北京华夏管理学院校长
姜岚昕

　　未来已来，基于区块链技术发展起来的链商，不仅给人类带来交易模式和生产关系的调整，更改变了消费者的社会角色和社会地位，让消费者可以公平公正地参与利润分配。

——全球轻创业教练、晨讯传媒机构创始人　禹路

　　数字经济时代，链商是一项重要的竞争力，而沟通谈判能力是链商必不可少的部分。

——知本家教育创始人兼董事长、广东省东方谈判发展研究院院长　武向阳

联合推荐
链商心语

  艺术无处不在，生活就是艺术，曲艺是说唱的艺术，链商是建立关系的艺术。王大山先生将人们迈向成功幸福的关键要素进行提炼，提出"链商"，并结合数字经济的时代特征发展应用，是一种独特的创新。

——中华曲艺学会副会长、粤港澳大湾区曲艺创新发展联盟主席 吴金富

  链商是基于区块链技术的互联网新商业生态，是继网商、电商、微商之后的新兴族群。随着本书出版，我们可以更好地赋能实体经济，实现万物互联，乐活天下。

——乐活（环球）集团有限公司董事局主席兼首席执行官 张延悦

  链之一字，行车走马，藏金怀玉。
  商之一途，财脉源流，业之大者。
  王大山、王淳枫先生链接多位世界顶尖大师，以国内数万企业家的经验作为根基，创作本书，探究关系本质。链商大可链宇宙苍穹，小可通万国万业。从学理上，本书有万物共生的洞见；从商业上，本书有创造无限的财源管道。本书称得上是既有理论高度，又能落地实战的指南性佳作。

——《沙之书：生命中的 52 束智慧之光》作者 董栊福

中国"十四五"规划明确提出：加快数字化发展，建设数字中国。本书立足数字经济的时代特征，提出应对时代变革的链力模型，探讨企业数字化发展的链商模式，期望能为实体经济的数字化转型提供解决之道。

——深圳前海塔木德金融服务有限公司董事长　葛郁菲

王大山同志深耕链商产业研究，花费大量精力，写就本书。本书是链商研究的扛鼎之作，文字看似温柔，实际笔力千钧，如腾龙入海。祝大山同志写作精力旺盛，再造辉煌！

——著名经济学家、著名法学家　李开发

中国共产党第十九届中央委员会第五次全体会议提出："发展数字经济，推进数字产业化和产业数字化，推动数字经济和实体经济深度融合。"阅读本书，结合自己与作者多年创投合作的经验，我能感受到在数字经济时代，作者为实体经济服务的良苦用心。

——珠海太和基金管理有限公司合伙人　蓝飞腾

联合推荐
链商心语

　　区块链是 21 世纪最伟大的发明之一，开创了互联网时代新的底层技术。数字经济是未来的一个趋势，也是下一代互联网发展的重要增长点。通过几年的发展，越来越多的链商扎根于区块链赛道，信仰区块链赛道。如果你有志于在区块链行业发展，一定要阅读此书！

　　——比特币中国联合创始人、云界创始人兼 CEO 杨林科

　　未来已来，只是你尚未察觉。
　　财富已现，只是你不能窥见。
　　改革开放以来最大的一波财富喷泉，正在以区块链技术为载体奔涌而来，势不可当。本书会告诉你如何把握！

　　——数字经济拓荒者、深圳天净喔溯源科技有限公司
　　　　　　　　　　　　　　　　　　　　创始人　傅邦宁

　　选择艺术教育，让孩子从小热爱艺术，是我们的初心。链商之妙，不仅是链通关系的商数，更将区块链和相关数字技术在实体应用部分的前景做了精彩的描绘，宛如艺术盛宴，值得品读。

　　——星视美艺术教育创始人、广州市工商联青委会委员
　　　　　　　　　　　　　　　　　　　　　　　张寿英

链商的核心是链接信任，共享信息，产生同频共振，积聚共同成长能量，创建美好盛开人生。本书值得细细品味。

——JoJo Garden 制作人 JoJo

供应链管理是产业落地的关键环节，而链商中的关系链，实质也是打通流通中的各个环节，让人、货、场能有机协调，高效运作。提升链商能力，是当下时代的重要竞争力。

——广东万鲜社农业科技有限公司创始人 杨伊田

从股改到链改，从信息互联网到价值互联网，中国改革开放和国民经济一直在向前稳步发展。目前我们正处于数字经济时代，我们要做的唯有积极拥抱它，提升链商，链接关系，链向未来！

——深圳华梦科技实业有限公司创始人/董事长、
优咪喜尔链商平台创始人 刘柚

联合推荐
链商心语

在数字经济发展如火如荼之时,链商理念的首次提出,必将引领人类碳基文明与机器人硅基文明的交融和发展。希望读者能通过本书收获幸福美好生活和通证红利。

——北京中关村中诚会首任创新研究院院长、北京今管家资产管理有限公司董事长 王要武

本人从事国际供应链管理和金融相关工作十几年,深知要在纷繁复杂的商流、信息流、物流、资金流中厘清头绪,需要具备链接各种资源节点和抓取关键信息的能力。提升"链商"指数,可以帮助我们在复杂多变的数字经济时代洞察和处理各种关系,提升链接、融合、变现各种资源的能力。

——全球供应链科技(广州)学院院长、广州宏航供应链科技股份有限公司董事长 王庆华

一个人的幸福指数取决于他与社会、与世界建立关系的能力。提升"链商"指数,不仅可以帮助我们在这个快速变化的数字经济时代处变不惊,还可以丰富我们的人际关系和精神世界,让我们过上富足、喜悦、丰盛的生活。

——广州星视美艺术学院总经理、广州市天河区冼村街道商会理事长 朱爱仟

通过在影视文化创意领域的 30 年的探索和实践，伴随着数字经济时代的快速发展，我对沉浸式数字体验领域有些自己的见解。在数字科技的推动下，"链商"犹如夜空中的明星，链接世间万物，穿越数字星球，触动商业升级的脉搏，必将带来新的商业变革。让我们一起携手，有机会拍摄一部数字世界的迷幻电影！

——中国广告优秀影视导演、广东省影视文化促进会执行主席　吴万峰

....

站在时代的风口，踏上数字经济的列车，实体经济的数字化转型势在必行。多年来我们深耕打造牡丹产业链，链商的出现会更有力地推动通证经济落地应用，创造新的商业传奇。

——湖南香四海农业科技有限公司董事长、改革开放 40 年杰出民营企业家　邓仁英

....

链商之链，融合人与家庭的关系、人与社会的关系、人与国家的关系、人与自然的关系，链接每一个独一无二绽放幸福的生命，源源不断、生生不息！

——大同世界环球兼爱天使、陕西感业铃铛企业管理咨询有限责任公司董事长　高子涵

联合推荐
链商心语

　　从传统制造业到数字经济产业,我亲身感受到转型的不易和艰难,也体验到蜕变后的收获和喜悦。本书可以帮助我们深刻了解数字社会变化之奥秘,把握企业数字化转型之关键,建立链商思维,拓宽认知半径,扩大财富视野,提升幸福指数。

　　　　　　——佛山众麦科技智能有限公司总经理　邓国文

　　链商,是身份,是圈层,也是关于区块链的商数。区块链底层逻辑背后的信息对称,创造的世间公平,是人类新文明。读书能让我们扩大认知,更好地懂世界和未来,而懂才能爱。

　　　　　　——北京铂文教育科技有限公司董事长　潘盟元

　　链接是一种能力,更是一种智慧。在数字经济时代,技术迭代快速,市场变化迅捷,提升链商能力可以让我们准确把握机遇,立于不败之地。

　　　　　　——佛山市枝子童趣文化传播有限公司董事长　黄晓芝

与大山老师相识多年，钦佩他对理想的坚定信念，博大的胸怀，勇于创新的精神，孜孜不倦的付出……他带领一批实干的"链商人"，精心提炼出如此高效实用的书。本书中提出的链商，不仅是关系提升的加速器，也是人格修炼的场所，值得细细品味。

——深圳市杜森特科技有限公司总经理 李艳华

在科技高速发展的数字化时代，创新已是人们生活中看到的一种常态。如果你错过了电商、微商、网商、短视频的风口，想跟随未来大趋势抓住下一个风口，那么强烈推荐你看完本书。期待你具备链商思维，提升链商指数，通过共享经济创造人脉、建立关系，从而实现财富自由。

——深圳市一连教育科技有限公司总经理 李金芝

链商是区块链技术和电子商务结合发展的产物，其优势是可以提高交易的透明度，从而促进信任，每一次交易、流转信息都清晰可见，且不可篡改。本书将推动互联网社交电商向价值互联网链商迈进！

—— 一方教育科技（广州）有限公司董事长 孙一方

联合推荐
链商心语

通过本书,王大山、王淳枫老师引领大家在数字化时代浪潮里,解析"万物皆可链化",揭开共生共有的本质,让"链商"成为自我实现与追求美好生活的阶梯。

——江西妙医斋生物科技有限公司总经理 彭水莲

5G推动万物互联,区块链促进万物互信。数字经济时代,链接无处不在。提升链商能力,是一项心的修炼,只要从心出发、用情投入,相信必能开启幸福成功之门。

——广州来好思教育科技有限公司总经理 吕彩云

链商是数字化时代的重要新概念,其重要性将如同智商、情商一样,成为创业者与企业家的共识。

——华腾智汇品牌管理顾问创始人 连声煜

本书告诉我们"区块链+"的新时代已经来临,它对未来的发展将有颠覆性和革命性的影响,人类会利用它构建起去中心化、数字化、开放化、溯源化、智能化的新经济和智慧生活。

——广东鼎盛传承生物科技有限公司董事长 林森

在多变的时代，每个人都渴望成功，成功又与关系有千丝万缕的联系。王大山、王淳枫老师的这本书既可帮助我们重构关系，让我们生命的品质不再一样，又与当下数字经济相融合，引领时代潮流，让我们在快速多变的市场环境中更具竞争力。

——深圳爱联教育科技有限公司副总经理 李胜军

今天的抖音及海外版 TikTok 带动的商业行为远超电商、微商，庞大的"流量"和便捷的操作改变着人们的生活。把"流量"变成"留量"是链商对商业行为跨维度的变革和畅想。万物互联时代的万物上链，万物上链时代的万链万通，万链万通时代的"一链苍穹"。让我们张开怀抱，迎接"链商"时代。

——丸子部落酋长 韩枫

宇宙万物和合而生，和而不同，所有的不同只需要一个"接口"转换。链商，重塑经济新生态，链接一切可能性，让这个世界变得富有想象力而更加美好！

——大同世界环球大爱天使／昆明联络处主席、女性力量创始人 李思妍

联合推荐
链商心语

老子说:"善行无辙迹；善言无瑕谪；善数不用筹策……是以圣人……常善救物，故无弃物……是谓要妙。"时下人口红利已转化为数字红利，我的好朋友王大山先生与时俱进，提出链商，可谓是掌握了"是谓要妙"。

——北京老聃文化有限公司董事长、中关村文化产业
　创新促进会中国老子书院院长　李治成

链商的出现不仅可以解决个人创业问题和企业发展问题，更可以推动人类文明进步，改善人与人之间的关系，把竞争变为共赢，真正缓解社会矛盾，意义深远，责任重大，民心所向，势不可当！

——链商系统创投资深教练 David

在每个人的世界里，只要有梦想，一切皆有可能！

我的好友王大山先生结合他在教育培训和数字经济领域的多年实践经验，精心提炼出本书，期待本书能带给读者数字经济能量和智慧，指明数字发展的方向！

——中外新闻社常务理事、深圳前海中珩股权投资基金
　管理有限公司董事长　许晗

链商,是新时代大数据发展的趋势,是数字经济发展的新高度,把握链商金钥匙,开启数字经济商业大门!

——深圳市七正和商务服务有限公司总经理 陆攀

每个人都不是一座孤岛,而是广袤大陆的一部分;每个人都是独一无二的价值原点,可以自成一体。本书将为懂得爱与感恩的我们,创造一个共建共享、共生共赢的价值新生态。

——兰州子涵企业管理咨询公司董事长 高宁

当下,全球新经济商业生态及数字经济的浪潮已滚滚而来,势不可当。新技术、新业态、新模式如雨后春笋,层出不穷,数字化技术的快速落地应用,必将成为大变革时代全球经济复苏的新引擎。

本书的出版恰逢其时,未来高情商的人一定是高"链商"的人。作者从自身多年的实践经验出发,创造性地提出"链商",从人生战略高度进行了系统思考与诠释,将带大家拨云见日。特推荐:此书很值得你阅读!

——世界区块链组织副总干事、绿野资本集团总裁
马树强

参考文献

[1] 金典社区. 通证经济：重构数字化实体经济新生态 [M]. 北京：中国财富出版社, 2018.

[2] 赵国栋, 易欢欢, 徐远重. 元宇宙 [M]. 北京：中译出版社有限公司, 2021.

[3] 邢杰, 赵国栋, 易欢欢, 等. 元宇宙通证 [M]. 北京：中译出版社有限公司, 2021.

[4] 吕晓慧. "乌卡时代"四个战略要素值得特别关注[EB/OL]. (2020-06-10)[2022-01-01]. http://finance.sina.com.cn/hy/hyjz/2020-06-10/doc-iircuyvi7720451.shtml.

[5] 原创力文档. 计算机发展史（图片版）[EB/OL]. (2021-11-23)[2022-01-01]. https://max.book118.com/html/2021/1121/7132116122004046.shtm.

[6] 梁曦. 中美GDP结构比较[J]. 现代商业, 2012(12)：203-204.

[7] 中国信通院. 中国数字经济发展白皮书（2020年）[EB/OL]. (2020-07-03)[2021-04-15]. http://www.caict.ac.cn/kxyj/qwfb/bps/202007/t20200702_285535.htm.

[8] 知乎. 区块链的发展历史?[EB/OL]. (2018-02-11)[2021-04-15]. https://www.zhihu.com/question/265992968.

[9] DataHunter. 数字经济时代, 企业的核心竞争力究竟是什么？[EB/OL]. (2020-05-07)[2021-11-15]. https://zhuanlan.zhihu.com/p/86909575.

[10] 中文互联网数据资讯网. 埃森哲：数字融合市场—中国企业的跨界增长机遇–信息图[EB/OL].(2015-03-27)[2021-12-10]. http://www.199it.com/archives/335552.html.

[11] 龙荣远, 杨官华. 数权、数权制度与数权法研究[J]. 科技与法律, 2018(5):19-30.

[12] 皮圣雷. 数权论[EB/OL].(2021-02-09)[2021-12-20]. https://zhuanlan.zhihu.com/p/350219558.